I0223555

www.ingramcontent.com/pod-product-compliance
Lightning Source LLC
Chambersburg PA
CBHW022116080426
42734CB00006B/158
9781775260677

The Illustrator of Spiritual Mysteries

Farhad Roien

بنیاد سهروردی
SOHREVARDI FOUNDATION

بنیاد سهروردی
SOHREVARDI FOUNDATION

BONYAD SOHREVARDI
7626A, YONGE ST. UNIT#3, TORONTO, ONTARIO
sohrevardifoundation@gmail.com

The Illustrator of Spiritual Mysteries

Farhad Roien

Cover Design :Mona Alishahi

Layout: Bonyad Sohrevardi

Revised:2018

ISBN: 978-1-7752606-7-7

صورتگر رمز و اسرار معنوی

تأملی بر مثنوی طریق التحقیق حکیم سنائی غزنوی

کوشش و تدوین

فرهاد رویین

بنیاد سهروردی

SOHREVARDI FOUNDATION

BONYAD SOHREVARDI
626A, YONGE ST. UNIT#3, TORONTO, ONTARIO
sohrevardifoundation@gmail.com

بنیاد سهروردی
SOHREVARDI FOUNDATION

The Illustrator of Spiritual Mysteries

صورتگر رمز و اسرار معنوی

فرهاد رویین

طرح روی جلد: مونا علیشاهی

چاپ اول: ۱۳۹۷

انتشارات بنیاد سهروردی

ISBN: 978-1-7752606-7-7

این سخن تحفه ایست ربانی

رمز و اسرار های روحانی

تقدیم به روح بُلند حاجی عبدالجبار «صدر» پدر بزرگم؛ مردی که با همت و بزرگ اندیشی به تلاش و دانش ارج می نهاد، رهنما و پشتیبانِ بی نظیری برای فرزندان خویش گردید.

با مِهر

« فرهاد رویین»

خزان ۱۳۹۷ – تورنتو

فهرست

مقدمه

حکیم سنایی غزنوی در عمر گرانبهایش، آثار بس ارزنده ای را به جامعه بشری تقدیم نموده است. ولی این آثار همانند اکثراً کتُب کلاسیک دیگر و با درنظرداشت دلایل مختلف تاریخی، فرهنگی و اجتماعی و نیز نوع نگاه حکومت ها، دیدگاه های حاکم و یا هم بدلیل قدمت و پراکنده گی آن، اقبال گرد آوری منظم و درستی را پیدا نکرده است. این موضوع در حوزه ادبیات، شعر و عرفان که به دوران دور متعلق است، بیشتر دیده می شود. اگر توجه نمائید هیچ عارف و شاعری کلاسیکِ را سراغ نخواهی داشت که در همه ی ادوار تاریخ، آثار شان یک دست و متفق القول مورد تأیید همگان قرار گرفته باشد. حتی آثار مولانا و دیگران هم تا چند دهه قبل چنین مشکل را داشت؛ اما با تلاش های پیگر و تحقیق همه جانبه و از برکت نظام نوین و پیشرفت ها در زمینه دسترسی به منابع و مأخذ و آرشیو های غنی جهان، به این امر دست یافتند و امروزه علاقمندانِ بی شماری از این آثار باارزش معنوی استفاده می کنند.

آثار حکیم سنایی هم از این بادهای نا ملایم در امان نماند، بجز چهار یا پنج اثر ایشان (اگرچه در آن هم نسبتاً اختلاف نظر موجود است) بقیه ای کتب این حکیم، چنین مشکلاتی را دارد و در منتسب بودن و منتسب نبودن بعضی از آنها هنوز هم حرف و حدیث های فراوانی موجود است.

با وجود کم مهری ها و توجه اندک به سنایی غزنوی، کسی که ابداع کننده چند نوع ژانر ادبی و عرفانی نیز دانسته می شود، برای شاعران وعارفان پس از خود الگو و سرآمد نوع عرفان جدید در قالب نظم تلقی می شود. چه بسا این عزیزان در آثار خود از آن به نکوئی تمام یاد کرده اند.

خوشبختانه در چند دهه اخیر به این شخصیت بی نظیر تاریخ پرداخت شده است. اگرچه این تلاش ها مقطع یی و به شکل پراکنده توسط محققین فارسی زبان و غیر فارسی زبانان انجام شده است. اما نقطه عطف سنایی شناسی را می توان در سال ۱۳۵۶ دانست. در این سال برای اولین بار در کابل همایشی برای بزرگداشت جایگاه و اندیشه سنایی برگزار گردید. در آن همایش کتاب و مقالات زیادی نیز منتشر شد. از جمله ده کتاب ارزنده توسط مؤسسه انتشارات بیهقی به نشر رسید و این امر باعث شد تا مسیر سنایی شناسی در افغانستان رقم بخورد. به قول آقای محمود فتوحی، افغانستان در این امر پیش قدم بود و اینچنین گامی لااقل تا آن زمان غرض معرفی سنایی برداشته نشده بود. به همین ترتیب همزمان مقالات زیادی در تهران در مورد سنایی منتشر شد. کما اینکه در سال ۱۳۸۴ همایشی تحت عنوان « باز شناسی اندیشه ها و آثار سنایی» در تهران برگزار گردید. بعد از همین تلاش ها بود که بیشتر از چهار صد مقاله علمی و تعدادی کتاب نیز نوشته شده و بعضی از این اثر ها به چند زبان دنیا نیز ترجمه گردید که در این راستا محققین و سنایی شناسان غربی نیز گام های بلندی برداشتند. از این میان میتوان ج. د بروین، سنایی شناس هالندی را می شود اسم برد که کارهای زیادی را در این زمینه انجام داده است. به همین منوال در دیار فارسی زبانان هم آقای مدرس رضوی، خلیل الله خلیلی، مایل هروی، عبدالحی حبیبی، سرور همایون، شفیعی کدکنی، روان فرهادی، علی اصغر بشیر و دیگران زمینه ساز معرفی بیشتر سنایی شدند.

اما با وجود همه ی اینها، باید متذکر شد که نسبت به جایگاه علمی، ادبی و فرهنگی حکیم سنایی، اینها بسنده و کافی نیست؛ زیرا کسی که الگو بزرگانی چون مولانا

بلخی، جامی، عطار، اقبال، نظامی و دیگران بوده و چندین نوع شعر از جمله «عرفان عاشقانه» را در اشعار فارسی پدید آورده است، این همه تلاش اندک شمرده می شود. بنابراین، کوشش بیشتر لازم است تا اندیشه های این عارف بزرگ برای همگان برسد تا باشد از خوان معرفتی ایشان دیگران نیز بهره مند شوند.

اگر بدرستی نگاهی بیندازیم، آثار گرانبهای سنایی، بیشتر به «حدیقه الحقیقه» بعداً به «دیوان اشعار» و به همین ترتیب به «سیر العباد الی المعاد» و در قدم بعدی تا حدودی به «کارنامه بلخ» پرداخته شده است. اما با وجود اینکه کتاب «طریق التحقیق» از جمله کتب سته سنایی به شمار می آید، ولی جدای از دلایل و عوامل، کمتر به آن توجه شده است.

در زمانی که نگارنده این سطور به شکل اساسی تحقیقی را در مورد حکیم سنایی و آثار او آغاز نمود و در وادی اندیشه های حکیم قدم میزد، متوجه این نکته مهم گردید و به همین سبب خواست تا در کنار سیر و تدبر بر سایر آثار ایشان، تأملات چند به این اثر بسیار پرمغز و کم نظیر (طریق التحقیق) داشته باشد، تا از یک طرف به معرفی بیشتر این اثر بیانجامد و از طرفی دیگر، عده ای محدود ناپخته و نا آگاه که به زعم خود می خواهند این کتاب سنایی را زیر سؤال ببرند، ایستادگی کرده و دَیّن اخلاقی خود را ادا نماید.

گرچه در این خصوص دانشمندان، اهل فن و خبره گانِ بی شمار این شبهات را هموار ساخته اند و دلایل محکمی مبنی بر نوع سبک و سیاق شعری با سایر آثار حکیم، زمینه و زمانه اثر، امضأ سنایی به اسم در شعر و ده ها مورد دیگر فنی را اقامه کرده است. از همه مهمتر «تبیین بهترین تفسیر شعری» (تفسیر خود متن با متن و مقایسه آن با سایر آثار) را آورده اند که همه حاکی از منتسب بودن یقینی به سنایی میباشد. این ادله های مستحکم باعث گردید تا این کتاب دهه ها قبل به تصویب نهاد های مسؤل کشورها نیز برسد.

در کنار این، از افراد دانشمند و اهل فنِ که دراین زمینه تلاش های فراوان کرده اند و هرگز نگذاشتند به بهانه های کم اهمیت بیشتر از این آثار و کارکردهای حکیم غزنه مورد بی مهری قرار گیرد و لطمه محکمی بر پیکر ادب و فرهنگ فارسی بخورد. در این خصوص میتوان از د. بروین، مدرس رضوی، علی اصغر و دیگران که از پیش گامان این مساعی بودند، نام برد.

باری، با وجودی اینکه مثنوی طریق التحقیق ازعاشقانه های سنایی به حساب می آید، ولی نسخه های کمتری از آن به چاپ رسیدهِ و بجد به آن پرداخت نشده است. به همین منظور تلاش صورت گرفت تا ضمن سیر و تأمل بر موضوعات پرمغز این اثر گرانبها، یک بار دیگر غرض نشر و پخش آن اقدام صورت گیرد. به همین جهت نهایت کوشش و امانت داری به خرج رفت، تا از نسخه های کامل و با اعتبار، غرض تدوین مجدد استفاده شده و بعداً تأملات خیلی مختصر این قلم به آن اضافه گردید.

اگر چه شرح این کتاب توسط بو اوتاس، سنایی پژوه سویدنی انجام شده بود و غلام رضا در سال ۱۳۸۱ آنرا ترجمه و به چاپ رسانده است و به همین منوال شاه علی اکبری در سال ۱۳۲۵ نیز در این راستا کوشش فراوان نمود. به همین ترتیب دیگران نیز به این اثر گرانبها پرداخته و همت گماشته اند که همه در خور ستایش است، اما با همه ی این تلاش ها، نگارنده این سطور بعد از تحقیق و بررسی و مبتنی بر نسخه های قدیمی سنگی و خطی و مقایسه آن با یکدیگر، «به قول دکتر محمد جعفر یاحقی یکی از قدیمی ترین چاپ سنگی این کتاب در ۱۳۰۹ در تهران است و نگارنده این نوشتار آنرا در کنار سایر منابع در آرشیو خود دارد و نسخه کامل این کتاب در سال ۱۲۶۲ تحریر شده، موجود می باشد» خواسته است ضمن تأملات، به نحوی این کتاب (طریق التحقیق)را به دسترس همگان قرار دهد.

باید یادآور شد، صاحب این قلم ادعای شرح و تفسیر و نقد ادبی این کتاب را نداشته و این موضوع را به اهل خبره و فن واگذار می کند. اما با توجه به ابعاد گسترده ی اخلاقی و حکمت های این اثر، به سمت و سوی تأملاتی دراز آهنگ شخصی کشانیده

شد، زیرا یارای چشم پوشی از موضوعات عارفانه و عاشقانه آنرا نداشته و به تعبیری پای در گِل معانی آن گیر کرد و ناچار سیری هر چند متلاطم و خلاف آمد کار به جنبه های که کمتر کس به آن می نگرد، از یک منظر دیگر به آن پرداخت. به همین دلیل شاید عده ای با چنین سبک و روشی موافق نباشند، اما آنچه که در ضمیر می جوشد، همان بیرون آمد. از این منظر میتوان گفت مانند برداشت و تلقی هر فرد از مسایل پیرامونی و زیبایی شناختی است و یا هم تدبُر فرد از پیامهای کتاب الهی و یا همینطور از مثنوی معنوی می باشد.

در هر صورت، همان طوری که این اثر در اصل کم حجم است و کمتر از نهصد بیت دارد، به همین مبنا از جانب نویسنده، اختصار نویسی شده و صرفاً توجه بر پیام ها و استنتاج این گوهر گرانبها بوده و بسنده شد.

نحوه نوشتار این گونه است، اول موضوع مثنوی کامل آورده شده، بعداً برداشت ها و تأملات نگارنده طوریکه توضیح داده شد، اضافه می گردد. شاید این باب جدیدی باشد تا از بحر معانی عارفان، هر کسی به اندازه ظرفیت و توانایی های فردی و معرفتی خویش آب زندگانی بردارند، تا باشد هیچ گاهی در تفسیر، برداشت ها و تجربیات یک شخص باقی نمانند. منظور اینکه اشعار سنایی و دیگر عارفان ما مانند مولانا، عطار، جامی و دیگران صرفاً به متن و سیاق شعری محدود نمی ماند، کما اینکه خود این بزرگان هم جاهایی به این امر معترف بودند و شعر و شاعری را مانع حرف دل می دانستند و مانند سنایی آنرا گاهاً هزل می خواند و یا مانند مولانا رومی خیلی به وزن و قافیه آن نمی چسبند. اما با این وجود عارفان حتی حین انتقال مطلب و اصل جوهر که هدف اصلی آنها میباشد، به پختگی رسیده بودند. حتی در اشعارشان آن بلاغت ها موج می زند.

باز هم تأکید می شود اینکه نمی توان از سروده های این شاعران عارف و صرفاً از فحوا و ظاهرش به عمق آن معانی پی برد، بلکه تدبر و تأمل وثیقی می طلبد تا به

عمق موضوعات اصلی آن رسید، در غیر آن به تعبیر خود سنایی رسیدن به کُنه موضوعات مشکل و در مواردی زبان از شرحش قاصر میباشد:

که ز شرحش زبان بود قاصر

نرسد در نهایتش خاطر

به این جهت مطالعه این نوع ژانرهای عرفانی متفاوت از خوانش یک اثر نظمی و ادبی صِرف است؛ یعنی اینکه خوانش جداگانه و غیر متعارف را می طلبد.

اینکه مولانا جلال الدین بلخی، مثنوی اش را به نحوی با قرآن تشبیه می کند دقیقاً منظورش همین مسئله است. زیرا تنها فهم ظاهری و واژگان قرآن مطمع نظر نیست و به تعبیر خود قرآن مجید «کتاب سهل و ساده» است، ولی منظور اصلی همانا پیام ها و هدایات آن است نه باقی ماندن در گرو واژگان و مسایل فنی میباشد. شاید شما در تجربه زیستی خود به افرادی برخورد کرده باشید که حوزه تحصیلی شان زبان و ادبیات است و در چنین آثاری صاحب رأی و نظر نیز باشند و چه بسا تفسیر های هم از منظر فنی آن کرده باشند، ولی آن اُنس و حظ را به اندازه یک فرد دیگری ندارد که در این حوزه تحصیلی، تخصصی هم نداشته و صرفا در حد خواندن آن را بلد است، اما این فرد چنان شیفته آثار این چنینی می شود که این امر به موضوع خورد و خوراک روزمره اش تبدیل شده و چنان سیر سلوکی در آن می نماید که دیگران را توان رفتن در آن وادی نیست.

منظور از آوردن مثال این است، چون عارفان ما وسیله انتقال مفاهیم و تجربیات عرفانی را در شعر بهتر می دیدند و این گوهرها را در لای این نوع کلمات می گذاشتند تا آیندگان از خوان معرفتی ایشان مستفید گردند. پس هرکس به اندازه معرفت، برداشت ها و تجربه زیسته خویش از آثار این بزرگان لذت و استفاده را می برد.

به همین جهت از «شرح متعارف» مثنوی طریقة التحقیق در گذشته، صرفاً در قالب یک سری تأملات، تدبرات و تجربه اگزیستانسیالی و با وام گرفتن از آیات قران مجید، اشعار و نظرات عارفان و فیلسوفان و گاهی هم شکل تطبیقی موضوعات، به این امر پرداخته شد. بادرنظرداشت پژوهش ادامه دار و از طرفی علاقه وافر به حکیم سنایی (گرچه خود را شارح و مفسر چنین اثر وزین ادبی نمی بینم و اگر اندک چیزی هم به شکل «گزینش نویسی» تحریر شده است)، آنچه انجام شد، صرفاً از بانگ جرس درونی سرچشمه گرفته است. بنابر این در صورت کاستی و نقصان، این را به حساب بنده بگذارید و بر من ببخشاید و منت گذارید.

عناوین کتاب طریق التحقیق بیشتر از آیات و احادیث و سخنان بزرگان برگرفته شده و بدون هیچ کم و زیادی عیناً همان متن عربی عنوان ها آورده شده تا حق مطلب ادا گردد. به یقین بعد از مطالعه مثنوی های این کتاب، شما از حکمت ها، تماثیل، پندها، حکایات و اخلاقیات در آن خواهید یافت. بدین تربیت، گاهی زبان تند سنایی را در قبال حُکام ستمگر و زاهدان ریا کار مشاهده می کنید، گاهی کلمات عاشقانه و عارفانه را، گاهی سِر و اسرار نهان را باز شده می بینید، گاه غامض شدن موضوعات را، گاه تحسین و گاه تعجب عرفانی را در آن خواهی یافت. در یک کلام شما حدیث نو، طرّف جدید و یا هم به تعبیر خود حکیم غزنه « سِحرِ حلال و رمز و اسرار» را به تجربه می نشینید.

نویسنده این قلم بنا بر همین تعابیر حکیم سنایی غزنوی که این چنین سخن اش را « رمز و اسرار روحانی و سِحرِ حلال» خوانده، عنوان کتاب حاضر را «صورتگر رمز و اسرار معنوی» انتخاب کرده است.

اصطلاح « سِحرِ حلال» به مفهوم « سخن شیوا» و شعر خوب از تعابیر خود حکیم سنایی می باشد. از آنجا که سِحر و جادوگری در اسلام حرام است، شعر خوب و سخن شیوا را به کنایه « سِحرِ حلال» خوانده اند. سنایی خود در جایی آورده است:

اینهمه سِحرِ حلال آخر کِت آموزد همی

گر سنائی نیست جز در شاعری استادِ تو

و یا در همین کتاب «طریق التحقیق» در مثنوی اخیر (فی ختم الکتاب) سخن اش را سِحر مطلق خوانده که همان مفهوم سخن شیوا را افاده میکند:

در مقامی که این سخن خوانند

عقل و جان سحر مطلقش دانند

****

نظم نغزش ز نکته و امثال

سِحر مطلق ولی مباح و حلال

به همین ترتیب، در ادامه سنایی سخن اش را رمز آلود و تحفه ای از جانب پروردگار می شمارد و آنرا در مرتبت بلند قرار می دهد. در ضمن لفظ و کلمات شعری اش را مُبیِن شرح رمز و اسرار تلقی می کند. پس وی این چنین صورتگر رمز و اسرار روحانی میباشد:

این سخن تحفه ایست ربانی

رمز و اسرارهای روحانی

****

سخن از آسمان بلندتر است

تا نگویی که نظم مختصر است

****

لفظ او شرح رمز و اسرار است

رمز او شمع روح ابرار است

در مجموع کتاب حاضر (صورتگر رمز و اسرار معنوی) بعد از آن همه تأملات بلند آهنگ یک سال و نیم بر مثنوی طریق التحقیق سنایی غزنوی، چنین صورتبندی شد و تقدیر چنان رفت تا در این زمان، با همکاری فراوان آقای سپهر زارع در قسمت چاپ و نشر و همه ی مسائل تکنیکی، بلاخره از طریق انتشارات « سهروردی » مقیم شهر تورنتو کشور کانادا به طبع و نشر برسد. جا دارد از ابوبکر پرویز صدر و یوسف فهیم صدر در آلمان، بابت نظریات و راهنمایی های خوب شان تشکر نمایم که باعث شدند این اقدام هرچند کوچک، به ثمر بنشیند.

فرهاد رویین – تورنتو

مختصر زندگی نامه و آثار حکیم سنائی غزنوی

یکی از غنیمت های حیات بشری دوران، ابوالمجد مجدود ابن آدم، معروف به حکیم سنایی است در قرن پنجم (اکثرتذکره نویسان سال تولدش را ۴۷۳ ه.ق نوشته اند واز ابیات اودرمنظومه حدیقه الحقیقه نیز برداشت می شود، ولی در کتیبه مقبره اش سال ۴۷۰ ه.ق درج است)، در شهر غزنی افغانستان چشم به جهان گشود.

پدرش از خاندان شریف غزنه به شمار می رفت و او را «آدم» می خواندند وجایگاه اجتماعی مطلوبی داشت، از این حیث سنایی به سلسله خاندان رضی الدین لالا، عارف بزرگ محسوب و منسوب می شود. بر اساس معلومات، سنائی هم دوره با سلطان مسعود بن ابراهیم فرزند مسعود غزنوی، یمین الدوله بهرام شاه بن مسعود بن ابراهیم غزنوی و سلطان سنجر بن ملکشاه سلجوقی بوده است. شاعران هم عصرش مسعود سعد سلمان، سید حسن غزنوی، انوری، معزی و سوزنی بودند.

سنائی همچو دیگر شاعران درباری، درعیش و نوش و مدیحه سرائی و دل مشغول ظواهر بود ولی یک تحول روحی باعث شد تا مسیر زندگی او به تعبیر مولانا جامی " تغییر معنوی توأم با سلوک دیندارانه " نماید. در مورد این تحول ژرف درونی و به

تعبیر مولانا بلخ "زیر و زبَر شدن" این حکیم، تاریخ نویسان و محققین روایت های گوناگون، ولی نزدیک و شبیه به هم را نوشته اند.

بطور مثال در این خصوص سید الدین محمد عوفی در تذکره معروف «لباب الباب»، دولت شاه سمرقندی در«تذکره ی الشعرای» و نورالدین عبدالرحمن جامی نیز در کتاب «نفحات الانس» از چگونگی آن پرده برداشته اند که در خور تأمل است.

لُب و لباب این تحول از جمله در حکایت که در « نفحات الانس» آمده چنین است؛ سلطان غزنه در فصل زمستان به عزیمت گرفتن بعضی از دیار کفار «احتمالاً بخشی از هند بود» از غزنین بیرون آمده بود و سنایی در مدح وی قصیده ای پُر شور و شعّفِ سرائیده بود و می رفت تا به عرض ملوکانه شاه برساند، چون به دَرِ گلخن رسید یکی از مجذوبان دائم الخمری (لای خوار) در آنجا بود، در این هنگام سنایی آوازی شنید که «لای خوار» به ساقی خود می گفت " پُر کن قدحی به کوری چشم سلطان تا بنوشم"، ساقی گفت " سلطان مردی غازی و پادشاه اسلام است، این توهین در شأن او مباد و نشاید"، اما این خماری گفت " سلطان بس مردکی ناخشنود است، آنچه در تحت حکم وی درآمده است آنرا گذاشته و می رود تا مملکت دیگر تصرف کند"، یک قدح گرفت و سرکشید، دو مرتبه گفت " پُر کن قدحی دیگر به کوری سنائی شاعر"، ساقی گفت "سنایی مردی فاضل و لطیفی است"، لای خوار گفت " اگر وی مردی فاضل و لطیفی می بود به کاری مشغول می شد که وی را به آن کار خلق کردی و آمدی، او گزافی چند در کاغذی نوشته که به هیچ کار وی نمی آید و نمی داند که وی را برای چه کاری آفریده اند"[1].

سنایی چون آن بشنید، متغییر الاحوال شد و حالت خاصی بر وی مستولی گشت؛ این همان تحول مبارک و خجسته ی برای او شد تا مسیر زندگی وی بر سلوک و راه حقیقت معطوف گردد و شروع زندگی با سعادتی را به همراه داشته باشد.

---

[1] مدرس رضوی، دیوان سنائی ص ۳۲ به نقل از جامی در نفحات الانس ص ۵۹۵

اما تقی الدین اوحدی اصفهانی نیز این داستان رادر«عرفات» نقل کرده و افزوده است اینکه؛ سنائی ارادت خاص به شیخ المشایخ ابویوسف همدانی داشت، وی از بزرگان و صوفیه بنام خراسان زمین بود چون حکیم غزنوی سفری به خراسان تا بلخ داشت، در همین سفر خراسانی او هدایت حقیقی را ازخدمت این شیخ یافت و راه سالکان پیشه کرد.[۱]

به همین منوال آورده اند که سنائی از بلخ راهی سفر حج نیز شد، جایکه برای مسلیمن از اهمیت زیادِ برخوردار است، این مرد بزرگ ابراهیم وار پّی نشانه های خداوند به آن دیار پاک رفته و مُشرف به زیارت دل و دین گشت و از آنجا دوباره به بلخ باز گشت. وی سپس به خراسان سفر نموده وسال ها دربلخ ،سرخس ،مرو ،هرات، نشاپور و خوارزم هم اقامت داشته است. (احتمالاً درحدود سال ۵۱۸ ه.ق از سرخس به غزنین بازگشت وتا آخر عمر درآنجا ماند).

سنایی در اولین سفر خود بسوی بلخ رفت ولی بدلیل آزار و ناخشنودی مخصوصاً از جانب «خواجه حسن اسعد هروی» که این موضوع را در کارنامه بلخ نیز آورده، به جانب سرخس رخت سفر بربست. مدت توقفش از هر جای دیگر بیشتر بود و بعد به هرات و نیشابور مسافرت و اقامت داشته و از آنجا دو مرتبه به سرخس مقیم شد. در این شهر پذیرایی گرمی از جانب سیف الدین محمد ابن منصور سرخسی، قاضی القضات خراسان و از بزرگان آن دیار محسوب می شد، گردید. به همین دلیل سنایی در مدح وی قصیده ی نیز سردوده است.[۲]

به سبب همین سفرها و مخصوصاً اینکه این دو شهر"هرات و نیشابور" از دیر باز مهد علم و فرهنگ به شمار می رفت و از جانبی رفتن به طرف حج بیت الله نیز متحول کننده معنوی فوق العاده محسوب می شود، طبعاً او متأثر از این سفرهای پُربار شده و

---

[1] نغمه گر حدیقه عرفان، دکتر سید ضیاالدین سجادی و دکتر جعفر شعار، ص ۱۰

[2] دیوان حکیم سنائی، به اهتمام مدرس رضوی، مقدمه ص۳۸-۴۱

به همین ترتیب از شیفتگان حقیقت وعارفان بنام چون شیخ ابویوسف همدانی و سیف الدین محمد منصور سرخسی و دیگران نیز فیض فراوان برده و انقلاب درونی خویش را به اوج رسانیده است. این امر نقطه ی عطفِ چه در شخصیت و چه کارهای مثمر بعدی وی شد.

اگر این حکایات را بپذیریم و اصل قرار دهیم و یا موارد دیگری شبیه این داستان را که تذکره نویسان نگاشته اند، همه از یک چنین تحول درونی در این انسان فرهیخته پرده بر می دارد. چون همه از یک جنس اند، حالا شاید مِکانیزم و چگونگی آنها متفاوت باشد و این امر در اینجا مورد نظرما نیست، آنچه اهمیت و واقعیت تاریخی دارد آن انقلاب روحی بود که بر سنائی مستولی گشت. اما به جِد میتوان گفت گاهی اوقات آدمی را یک ندا، یک جرقه، یک حرکت خاص و یا مانند غزالی یک وسوسه درونی و در اینجا سنایی را یک سخن و همچنان مولانا رومی را یک دیدار (دیدار با شمس تبریزی) می تواند از ناهوشیاری به هوشیاری واقعی که همانا راه روشن و با سعادت است برساند.

حالاکه چشم و دلش سنایی غزنوی باز شده بود و آن تحول درونی سُترگِ را به تجربه نشسته بود، بعد از بازگشت از سفرهای پُر بارش به وطن، خواست دیگر به تعهدش پایبند باشد و معامله اش را با خدایش انجام دهد تا به مراتبِ معنوی نایل آید. به این جهت و به اساس پیشنهاد یکی از دوستان نزدیک و بزرگان شهر غزنین به اسم «خواجه عمید الدین ابن مسعودِ تیشه» چنانچه در مقدمه دیوان اشعارش نیز از ایشان ذکر کرده است، اشعار خود را جمع آوری کرد و سر و سامانی بخشید.

در همین مورد شباهت زیادی بین مولانای بلخ و سنائی را به وضوح می توان دید، جائیکه در قصه های تاریخی آمده اینکه « مولانا تا نزدیک شصت سالگی مثنوی معنوی اش را نسرایده بود، در همین حوالی حسام الدین شاگرد مولوی به مولانا بلخ می گوید "همه سنائی و عطار را تدریس می کنند و می خوانند، شما چرا چنین مثنوی را نمی سرایید که دیگران بخوانند؟" سپس مولانا به این پیشنهاد لبیک گفت

و می فرماید که من هم از دیر باز به این امر فکر کرده ام و به روایت تاریخی حدود چند بیتی را از عمامه اش برون می آورد. این عمل شروع پر میمنتِ می شود برای آغاز سرودن مثنوی معنوی. شاید هم به همین علت بود که مولانا مثنوی معنوی را حسام الدین نامه هم می خواند. غرض از ارائه حکایت تاریخی متذکره اینست که هردو بزرگوار با پیشنهاد بهترین دوستان شان آثار جاویدانی را خلق کردند.

اگر از این موارد بگذریم، می بینیم سنایی بعد از رجعت به غزنه و لبیک گفتن پیشنهاد « ابن مسعود تیشه» بقیه عمر را ضمن تدوین و تنظیم اشعار و آثار با ارزش می گذراند و به اصطلاح عامه ظاهراً در کُنج خلوت و انزوا صوفیانه به سر می برد، ولی در واقع جلوتی بیش نیست تا یک فرد همنشین "من خویشتن" خود گردد. این حکیم شناخت از خود را تا جایی رسانید که در سفر اخیر معنویش به عشق و طلب بر وصلت یار همت گماشت و راه سالکان حقیقت پیشه کرد. بدیهی است گاهی چنین خلوت گزینی ها ابواب بیشماری را در اُفق های بلند برای انسان ها می گشاید و از او دعوت می کند لبیک چنین لحظات را بنماید، الحق سنائی غزنوی چنین کرد و از طعم این شکر پاره معنوی (عشق) چشید و به جایگاهی رفیع رسید.

بنابر این سنائی مانند دیگر روشن شوندگان راه حقیقت، به کارهای بنیادینِ دست زد و راه تحقیق حکیمانه را در پیش گرفت و از ستایش حُکام دست کشید و راه تعالی و ترقی را در پیش گرفت و آثار بس گرانبهایی را بجا گذاشت و در تاریخ زرین بشریت از نام و نشان خوبی برخوردار گشت.

از آنچه آمد، می شود گفت که زندگی سنایی غزنوی را می توان به دو بخش عمده از نظر شخصیتی و علمی ایشان (سنایی در زمان دربار و بعد از دربار، یعنی تحول درونی) تقسیم بندی کرد.[1] بدین ملحوظ بیشتر آثار و اندیشه های گهربار ایشان در همین دوره دوم از زندگی شکل گرفت، اینجا بود که حکمت و اخلاق معنوی سراسر

---

[1] تازیانه های سلوک، محمد رضا شفیعی کدکنی، ۱۳۷۲ ص

در اشعارش موج میزند. همچنان در همین دوره مشخص از زندگانی غزنوی بود که عرفان عابدانه و عشق صوفیانه، حکمت های معنوی، تجلی معارف اسلامی، آیات قرآن مجید و احادیث نبوی (ص) و همچنان موضوعات ما بعدالطبیعه در اشعار ایشان جلوه گر است و این نوع نگاه بعدها در شعر فارسی نیز ریزش کرد[۱]. اگرچه احمد غزالی را در نثر از جمله بنیانگذاران تصوف عاشقانه می خوانند، اما مفهوم عمیق عرفان عابدانه به شکل مثنوی سرایی و نظم، از قرن پنجم هجری قمری با سنائی شروع می شود. چون لااقل تا قرن چهارم ما شاهد چنین نوع از اشعار در زبان فارسی نبوده ایم.[۲]

پس سنائی از اولین بنیانگذاران این سبک و سیاق شعری است، اگرچه بعضاً رباعی های «ابو سعید ابوالخیر» و دو بیتی های «بابا طاهر همدانی» در شعر صوفیانه و قلندرانه را نخستین می دانند، اما کدام سند قابل تائیدی در دست نیست.[۳] در بیشتر کتب مهم صوفیه مانند « تذکرۀالاولیاء و نفحات الانس و دیگر کتب» سنائی را از پیشگامان و بنیانگذاران این سبک می دانند.

به همین ترتیب سنایی باز هم از اولین کسانی است که در شعر عرفانی فارسی، نماد پردازی یا سمبولیک گری کرده است و به همین ترتیب جنبه های انتقادی و اجتماعی را در شعر بوجود آورده است.[۴]

اگر به آثار این حکیم در کتبی که در ذیل ذکر می شود برگردیم، به تایید اکثراً مؤرخان و تذکره نویسان و متکی به تحقیق علمی اهل فن این آثار مربوط به سنایی میباشد. گرچه مانند دیگر کتب تاریخی و ادبی در پاره یی آثار اختلاف نظر از منتسب بودن و غیر منتسب بودن به سنایی موجود است، اما با اتکا به موارد ذکر شده و روش

---

[۱] نغمه گر حدیقه عرفان، سجادی، ص ۱۵

[۲] سخن و سخنوران، بدیع الزمان فروزانفر، چاپ دوم ص ۲۵۷

[۳] نغمه گر حدیقه عرفان، سجادی ص ۱۴

[۴] شوریده ی در غزنه، سنائی و نسبت غزل عرفانی، دکتر سید مهدی رزقانی ص ۱۲۸-۱۳۱

بخصوص شاعر و سبک و سیاق شعری، تفسیر متن بامتن، این آثار را از آنِ این حکیم فرزانه می شمارند. این آثار عبارت اند از حدیقهٔ الحقیقه، طریقهٔ التحقیق، سیر العباد الی المعاد، کارنامه بلخ، تحریمهٔ القلم، مکاتیب سنایی، عقلنامه، عشقنامه، سنایی آباد و همچنین دیوان قصاید و غزلیات می باشد.

اگر بخواهیم به طور مختصر به هریک جداگانه بپردازیم، منحیث المجموع از سنایی قصاید، غزلیات، ترجیع بند، ترکیب بند، قطعات و اشعار پراکنده ای به جای مانده که همه در مجموعه ای به نام «دیوان اشعار» گرد آوری شده است. این اثر نزدیک به چهارده تا بیست هزار بیت است. اندیشه زهد، عرفان، پند و حکمت از مهمترین محورهای موضوعی او در قصاید بوده و نیز نکوهش دنیا، تفکر درباره مرگ و توصیه به گسستن از آرزوهای بی حد و حصر، تذکر به خویشتن، حقیقتِ آدمی در آن به چشم میخورد و از مضامین رایج آن به شمار می آیند. در مجموع این «دیوان اشعار» حاوی مدایح، زهدیات و قلندریات می باشد[۱].

مثنوی «حدیقه الحقیقه» یکی از مهمترین اثرهای سنایی و از شاهکارهای ادبی زبان فارسی محسوب می شود و بنام های «فخری نامه» و «الهی نامه» هم میخوانند. این اثر مهم در بیان اخلاق، ستایش خدا و رسول و آل و اصحاب او، درباره عقل، علم، عشق، نفس و حکمت سروده شده و مضامین نغز و الفاظ بی همتا دارد. مثنوی یاد شده دارای ده هزار بیت در ده باب است. سنایی سرایش آن را سال ۵۲۴ ه.ق آغاز و در سال ۵۲۵ ه.ق به اتمام رساند، اما بعضی ها آنرا دوازده هزار بیت دانسته اند. اما به قول شفیعی کدکنی این اثر بین پنج تا دوازده هزار بیت می باشد.[۲] سنایی با سرودن این مثنوی، باب تازه ای را در سرایش منظومه های عرفانی در تاریخ ادب و عرفان

---

[۱] دیوان حکیم سنائی، به اهتمام مدرس رضوی، ص ۸۲

[۲] تازیانه های سلوک، شفیعی کدکنی ص ۱۸

گشود، بعدها شاعران بزرگی چون خاقانی «تحفة العراقین» و نظامی گنجوی «مخزن الاسرار» خود را تحت تأثیر نوع شعری این کتاب سرودند.

به عقیده زهرا دری در کتاب «شوریده ای در غزنه» در عنوان «شرح دشواری های از حدیقه سنایی» آورده است که "در حدیقه ما به سه نوع شعر بر می خوریم، اول سادگی بیان و پری معنی و موسیقی خاص حروف است که شامل حکایات و مباحث نقد اجتماعی است، گروه دیگری خواننده در مرز فهمیدن و نفهمیدن است، اینجا ایجاز کلام سنائی را نشان میدهد «زیبائی و دشواری» و گروه سوم و اخیر، ابیاتی است به سبب متن متفنن و اشارات ظریف عرفانی، تاریخی و اجتماعی است".[۱] به همین ترتیب در حدیقه حدود صد حکایت و تمثیل آمده است که بیشتر حالت گفتگو دو شخص به شکل سوال و جواب را دارد. این نوع تفکیک و سیاق شعری را در واقع صاحب این قلم در کتاب «طریق التحقیق» نیز تجربه کرده است و شاید به همین علت است که کتاب یاد شده را بر وزن «حدیقه الحقیقه» می دانند.

از دیگر آثار ماندگار این حکیم می توان «سیرالعباد الی المعاد» را نام برد. این کتاب در زمان گذار از دوره جوانی به پیری سنایی و قبل از حدیقه و بعد از کارنامه بلخ سروده شده است. این مثنوی بیش از پانصد بیت (بین پانصد تا هفتصد و هفتاد گفته اند) می باشد. شاعر در آن به شیوه تمثیلی از خلقت آدم و مسائل اخلاقی و سفر روحانی بعد از مرگ به شیوه خاصی سخن می گوید و بیشتر به معراج نامه های عربی و یا به نوعی به شعر فلسفی می ماند که مسایل روان شناسی و جهان شناسی را در زمان خود بیان داشته است. به این جهت دراین اثر، سنایی سفر روحانی خود را سه نوع شروع کرده؛ اول سفر دینی مذهبی، دوم سفر فکری فلسفی و سوم سفر تصوفی عرفانی. بنأ «سیر العباد» یک هیجان تصوفی عرفانی است که در قالب تفکرات فلسفی، تخیلی ریخته شده است.[۲] پس سنایی در این کتاب سیر خیلی عارفانه را

---

[۱] شوریده ای در غزنه، دکتر زهرا دری صص ۲۲۱-۲۲۲

[۲] همان، سیری در سیرالعباد، دکتر بهاءالدین مجروح ص ۱۷۲

داشته و از مراتب عرفان در تخیل و رؤیا سخن رانده و بر یک جهان بینی عرفانی و گنوسی استوار است که زبانش کاملاً رمزی و پارادوکسیکال است، یعنی بی صورتی و نیستی را در او می شود مشاهده کرد. به این ترتیب عباراتی از ده آیه قرآن مجید و سه حدیث و یک سخن از مشایخ در آن گنجانیده شده است.[۱] این اثر گرانبها به باور عده ای به نام «ابولمفاخر محمد بن منصور» قاضی القضات سرخسی سروده شده است. آورده شده بعد از همین کتاب بود که لقب «حکیم» را این قاضی نامدار به جهت حکمت های بلند، به سنایی عطا کرده است.[۲]

به همین ترتیب «کارنامه بلخ» را در هنگام توقف در شهر بلخ سروده و این مثنوی حدود پانصد بیت دارد و مبنای آن طنز و مزاح است ولی در اصل معانی بس ارزنده را با خود حمل می کند، به همین جهت آن را « مطایبه نامه » هم گفته اند. این اثر از جمله اولین سروده های مثنوی حکیم سنایی شمرده می شود که بر وزن حدیقه سروده شده و بنام «سلطان مسعود سوم»، پادشاه غزنوی است که در همین مثنوی اسم اش را هم آورده است.[۳]

اثر دیگرش «عشق نامه» می باشد که بین پانصد و هفتاد و شش تا حدود یک هزار بیت می شمارند. موضوعاتی چون حقایق، معارف و حکمت را در خود جای داده است. به همین ترتیب دو مثنوی «عقل نامه» ۲۴۲ بیت که آقای خلیلی آنرا ۶۰۶ بیت خوانده و«تحریمۀ القلم» مشتمل بر ۲۰۲ بیت نیز به سنایی نسبت داده اند.

ضمن آثار نظمی، از سنایی نوشته و نامه هایی به نثر هم موجود است که همه آنها در کتابی مجزا و مستقل دیگری تحت عنوان «مکاتیب سنایی غزنوی» یاد شده و پرده از حالات معنوی و سلوک دیندارانه ایشان بر می دارد. امروزه فقط ۱۷ نامه از مکاتیب

---

[1] همان، تمثیل رؤیای تشرف ص ۳۰۵و۳۰۶

[2] بشیر، علی اصغر: سیری در ملک سنایی، کابل، مؤسسۀ انتشارات بیهقی، میزان ۱۲۵۶ ص مقدمه الف و ب

[3] دیوان سنائی، به تصحیح مدرس رضوی، ص ۸۶

این حکیم بجا مانده است. این نامه ها اکثراً برای حاکمان، دوستان، شاعران و عارفان نوشته شده است. به طور نمونه یکی از نامه هائیکه بسیار هم مشهور است، مبتنی بر تهمتی که بر سنایی وارد شده بود و ایشان این موضوع را ضمن نامه ای به حکیم عمر خیام نگاشته است و در آن از افترا که برایش بسته بودند، منحیث دوست شکوه کرده اند.

اگر بدرست نگاه شود، تمام این نامه ها با حمد خدا و نعت رسول، آیات و احادیث آغاز می شود و در آن نحوه نگارش فوق العاده را می شود دید.[۱]

همچنان «طریق التحقیق» اثر گرانبها و در خور تأمل حکیم سنایی می باشد. این مثنوی از نظر اهل فن بر وزن «حدیقهٔ الحقیقه» سروده شده، ولی تفاوت برجسته اش این است که مثنوی یاد شده عاشقانه تر و لطیف تر از مثنوی حدیقه بوده و مبتنی بر احساسات روح بخش ملایم از آن می باشد.

مثنوی متذکره ظاهراً در سال ۵۲۸ یعنی سه سال بعد از کتاب حدیقه الحقیقه نوشته و در همان سال به اتمام رسیده است. طوریکه در مقدمه ذکرش رفت، این کتاب نزدیک بر یک هزار بیت می باشد و شامل اخلاق، پند، مرگ اندیشی، تماثیل معاد، عافیت و اندرز است. نوشتار کنونی هم بر مبنای این مثنوی (مثنوی طریق التحقیق) تحریر شده و تأملات و تدبرات نویسنده در اشعار پر مغز آن نگارش یافته است.

در یک نگاه کوتاه دیده می شود سنایی شخصیت چند بُعدی دارد، آقای شفیعی کدکنی از این حیث ایشان را به سه مرحله تقسیم بندی نموده اند؛ یکی سنائی مداح و هجاگو، دوم سنایی واعظ و ناقد اجتماعی و سوم سنایی قلندر و عاشق میباشد.[۲] جهان بینی این حکیم بر جوهره معنویت و حقیقت بر مثلث خدا، انسان و جهان

---

[۱] مکاتیب سنایی، به کوشش نذیر احمد ص م ۲۴

[۲] شوریده ی در غزنه، سنایی انسان تراژیک، دکتر حبیب الله معلم ص ۱۴۷-۱۴۹

استوار است. ایشان مانند غزالی دارای تصوف عابدانه و پابند به شریعت و مبانی اصول آن است.

در کنار شخصیت چند بُعدی، عده ای را باور بر این است که سنایی شخصیت خشک، پرتناقض و پارادوکسیکال داشت. در ظاهر اینها همه درست، ولی جائیکه او در نقد حُکام ستمگر زبان می گشود، چنین تُند و خشک می نمود، زیرا این موضوع به زبان ساده و عامه میسر نبود و به همین ترتیب با زاهدان ریاکار و حُکام ستمگر بی پروا در سر ستیز بود و این امر خود ناشی از جرأت اخلاقی اش محسوب می شد، چراکه از بیان حقیقت هیچ گاهی هراس نداشت. شاید به همین سبب لحن کلامش را گاهاً چنین خشک می یابیم، وگر نه در بیشتر موارد در مقابل عارفان و دانشمندان عصر زبان خیلی عاشقانه تری داشت.

اگر به بحث تناقض نظر بیاندازیم، این امر برای خود فلسفه ی بخصوصی داشت و به قول «دکترعبدالکریم سروش» این بزرگان گاهی عمداً تناقض را در آثار خود می آورند، زیرا از این طریق آن ناگفته ها را در قالب نوع شعری جدید می توانند پیشکش کنند. اما از طرف دیگر سنایی هم شاید مانند «رنه دکارت» فیلسوف فرانسوی قرن هفدهم میلادی که به خاطر اینکه مورد تکفیر قرار نگیرد و از جانبی دوست داشت حرف دل خود بیان بدارد، به چنین طرح نو در شعرش دست می زند و در قالب حکایات و قصص و تخیلات، آن سنت شکنی ها را که در گفتار ساده میسر نمی بود، خیلی ماهرانه در نظم آورده است. ولی با وجود چنین راهکارهای مناسب که اختیاز نمود، باز هم چنین برچسپی بر جبین این حکیم زدند. مشخصاً بعد از نوشتن کتاب «حدیقه الحقیقه» ایشان از طعن و اعتراض علمای غزنی در امان نمانده، ناچاراً کتاب یاد شده را به مرکز خلافت عباسی فرستاد و در ضمن از دوستانِ عالم خویش چون «ابن ناصر غزنوی» تقاضا نمود تا واسطه قرار گیرد و بر صحت عقیده وی از مرکز خلافت فتوای حاصل نماید تا از تکفیر ظاهریان بی خبر از اصل و اساس دین رهایی

یابد. در نتیجه چنین هم شد و توانست تدبرات و ادراکات عارفانه خویش را دکارت گونه به همگان عرضه بدارد.

سنائی اهل دین و اندیشه بود، وی خوف عابدانه و شور عاشقانه را در خود داشت. همچنان زهد و عشق قلندری «مغانه» را در خود پرورانید. میشود گفت از این حیث وی پدر شعر عرفانی تلقی می شود و به این ترتیب «مولانا جلال الدین بلخی» فرزند معانی و «خاقانی» فرزند لفظ شعری پنداشته می شود.[۱]

سنایی غزنوی ازعلوم متداول زمان خود چه درفلسفه و نجوم، چه در ریاضیات و علوم دینی بهره مند بود. او در شعرش، زمینه تحولی وسیع را در نگرش و شیوه فکر شاعران پس از خود به وجود آورد و نوگرائی او بر شعر فارسی تا چند قرن پس از او گسترش یافت و این آغاز مبارکی شد برای آینده گان چون عطار، نظامی، خاقانی، مولانا رومی و دیگران تا این امر مهم را به اوجش برسانند و این راه را بیشتر از پیش مستحکم تر و ثابت بسازند، الحق چنین هم شد.

اینرا باید اضافه کرد که جایگاه علمی و عرفانی حکیم غزنوی تا جایی است که مولانا جلال الدین بلخی از وی به بزرگی تام یاد کرده و بر قدرت بیان و پختگی اندیشه های معنوی ایشان نیز مُعترف میباشد، جائیکه میگوید:

ترک جوشی کرده ام من نیم خام

ازحکیم غزنوی بشنو تمام

****

در الهی نامه گوید شرح این

آن حکیم غیب و فخرالعارفین

---

[۱]شوریده ی در غزنه، سنایی انسان تراژیک، دکتر حبیب الله معلم ص ۱۵۱

متعاقباً مولانا ما را دوباره رجعت میدهد به این حکیم دانا (سنایی غزنوی) و خود را پیرو راه این عارف میداند:

عطار روح بود و سنایی دو چشم او

ما از پی سنایی و عطار آمدیم

به همین ترتیب، احمد غزالی از صوفیه بنام و یکی از معاصرین سنایی در نامه ی تحت عنوان « سلوک تازیانه» به عین القضات همدانی از جایگاه این حکیم دانا به بزرگی یاد کرده است. به همین گونه، امام علی ابن هصیم هروی نیز جایی گفته:

سنایی سنای خرد را سزاست

جمالش جهان را کمال و بهاست[۱]

اقبال لاهوری نیز ارادت خاصی به حکیم غزنوی داشته و در مورد ایشان میگوید:

می روشن ز تاک من فرو ریخت

خوشا مردی که در دامانم آویخت

****

نصیب از آتشی دارم که اول

سنائی از دل رومی بر انگیخت

به همین منوال، نظامی «مخزن الاسرارش» را با «حدیقه الحقیقه» سنایی مقایسه می کند:

نامه دو آمد ز دو ناموسگاه

هر دو مسجل به دو بهرام شاه

****

---

[۱] دیوان سنایی، به تصحیح مدرس رضوی، ص ۵۶

آن زری از کان کهن ریخته

وین دری از بحر نو انگیخته

****

آن به در آورده ز غزنه علم

وین زده بر سکه رومی رقم

بر همین سیاق خاقانی نیز جهت عظمت شعرش، خود را با سنایی مقایسه کرده و مدعی جانشینی شایسته و بایسته سنایی میخواند و مضافاً خود را مفتخر بر امتداد راه آن عزیز میداند:

چون زمان عهد سنایی در نوشت

آسمان چون من سخن گسترد بزاد

****

چون به غزنه ساحری شد زیر خاک

خاک شروان ساحری نو تر بزاد

باری، همگان را باور بر این است، بلاخره در این دنیا همه ی انسان ها را پایان زندگانی است و به تعبیری میباید از داری به دارِ دیگری رفت. به این اساس حکیم سنای هم بعد از نزدیک به هشت دهه از زندگانی پُر بار و دست آوردهای ملموس و با بجا گذاشتن آثار جاویدان و گران سنگ، به روز یکشنبه یازدهم شعبان سال ۵۴۵ ه.ق (در زمینه اختلاف نظر موجود است ولی بیشترینه محقیقین و تذکره نویسان همین تاریخ را ارجح میدانند) در خانه عایشه در منطقه نوآباد غزنی افغانستان امروزی رحلت کرد و مقبره اش در آنجا می باشد و محل زیارت عاشقان و دوست داران به علم و فرهنگ می گردیده است.

آغاز سخن

دین مداری و عرفان به حکیم سنائی این خصوصیت را میسر ساخت تا هر دیوان و کتابش را با حمد و ثنای باری تعالی و نیز در نعت سید المرسلین (ص) آغاز و مزین سازد. ابتدای این مثنوی (طریق التحقیق) هم از این امر مستثنی نیست و با این آهنگ و مِلودی عظمت خداوند منان و صلوات بر پیامبرش مفتوح می شود و با شُکر حق به پایان می رسد. زبان سنائی برعکس سایر آثارش در این مثنوی عاشقانه تر است اما عرفان عابدانه از سر و سیمایش پیداست و خوف خداوند توام با عشق، حالت خاصِ را بوجود می آورد. حکمت، فلسفه و فهم از موضوعات پیرامونی در این اثرش موج می زند. در چند بیت ذیل، عشق این مرد را به خداوند منان و شناخت بی مانندش از او تعالی و محبت خالصانه اش با پیامبر گرامی اسلام را می شود دید و نگرش این حکیم فرهیخته را از مفاهیم «عبد و رب» در آن می توان به تماشا نشست. اینها همه ذیلاً چنین سروده شده است:

بسم الله الرحمن الرحیم

ابتدای سخن به نام خداست

آنکه بی مثل و شبه و بی همتاست

خالق الخلق و باعث الاموات

عالم الغیب سامع الاصوات

****

ذات بیچونش را بدایت نیست

پادشاهیش را نهایت نیست

****

نه در آید به ذات او تغییر

نه قلم وصف او کند تحریر

****

زآنکه زاندیشه ها برونست او

بری از چند و چه و چونست او

مناجات

ای صفات مقدس تو صمد

وی منزه ز شبه و جفت و ولد

****

ای برآرندهٔ مه و خورشید

نقشبند جهان بیم و امید

****

ای به تو زنده جان و جسم به جان

جسم و جان را ز لطف تُست روان

قبلهٔ روح آستانهٔ توست

دل مجروح ما خزانهٔ توست

****

کرم و رحمت تو بی عدد است

روح را هر نفس ز تو مدد است

****

در جهان هر چه هست درکارند

آنکه مجبور و آنکه مختارند

****

همه گردن نهاده حکم ترا

دم که یارد زدن زچون و چرا

****

این و آن عاشق جمال تواند

روز و شب طالب وصال تواند

****

ای بسا مسجدی که راندهٔ توست

ای بسا بت ستا که خواندهٔ توست

****

گر سیاست کنی تو مسجد کیست

ورعنایت کنی تو بتکده چیست

****

هر چه خواهی کنی که حکم تراست

زآنکه حکمت ورای چون و چراست

این حکیم دانا و معتقد به دین، بعد از مناجات و مدح باری تعالی، معمولاً در مدح پیامبر گرامی اسلام (ص) نیز می پرداخت و در واقع بدون این دو امر لب بر سخن و شعر نمی گشود و یا شاید یارای سخن گفتن بجز از آنرا نداشت. در ذیل به این مدح پرسوز دقت نمائید:

مدح سید کائنات و خاتم المرسلین

سید کائنات شمع رسل

مفخر و پیشوای جمع رسل

****

شاهد حضرت ربوبیت

خازن گنج سر هویت

****

ساکن خانقاه اوادنی

سالک شاهراه ارسلنا

****

عنصرش محض زبدهٔ فطرت

مدحتش نقش تختهٔ فکرت

****

هست «والیل» شرح گیسویش

والضحی وصف روی نیکویش

****

هست تن عصمت وسکون وفرح

خلعت صدر او الم نشرح

****

دولتش پنج نوبه زد بر خاک

چار بالش نهاد بر افلاک

****

صدف در معرفت دل او

سقف عرش مجید منزل او

****

سید کل نسل آدم اوست

سبب رحمت دو عالم اوست

به این ترتیب، وارد موضوعات اصلی کتاب «طریق التحقیق» سنائی می شویم. طوری که در مقدمه هم وعده داده شد، در ابتدای هر عنوان، اول به طور کامل مثنوی سروده شده سنایی را آورده، بعداً با در نظر داشت همان مبحث، تأملات و تدبرات نویسنده در قالب زمان و مکان نوشتار و تجربه زیسته و اگزیستانسیالی اش آورده شده و مورد مداقه قرار خواهد گرفت.

پس می رویم سر وقت عنوان اول این کتاب که بسیار دلپذیر و در عین زمان سنگین هم است.

هُوَالأوَلُ وَالّأخِرُ وَآلظاَهِرُوَالباطِنِ

نطق، ابکم بمانده در صفتش

وهم، عاجز شده ز معرفتش

****

نبرد عقل بر صفاتش راه

نبود وهم را به ذاتش راه

****

کی رسد وهم درجهان قدم

که بُلند است آستانِ قدم

****

نص قرآن شده است ای عاشق

در صفات جلال او ناطق

****

شهد الله گواه معرفتش

وَحده لا شَریکَ لَه صفتش

****

نه ز او زاد کس، نه او از کس

قُل هُو الله دلیل او را بس

****

هست واجب وجود او دائم

زآنکه هست او بذات خود قائم

****

غایت ملکِ او نداند کس

همه او و بدو نماند کس

****

نیست با هیچ چیز پیوندش

نبود جفت و مثل و مانندش

در این مثنوی، سنائی سعی داشته با بهره مندی از نص قرآن توأم با اندیشه های کلامی و عرفانی زمان، در مورد وحدانیت و واجب الوجود بودن باری تعالی که یک بحث فلسفی و کلامی داغ آن زمان محسوب می شد، و فلاسفه اسلامی همچون ابوعلی سینا، فارابی و دیگران با جِد به آن پرداخته بودند و در این زمینه مخالفین و موافقین بی شماری نیز داشته اند، سخن می گوید.

باری، این موضوع تقریباً بر همگان مبرهن است که سنائی غزنوی از فلسفه یونانی و اسلامی که با سر کار آمدن ابوعلی سینای بلخی در مشرق زمین شکل گرفته بود، آشنایی تام داشته و هم با آثار ایشان عنایت کامل داشته است؛ چون جایی از برتری معرفت دینی بر افکار مبتنی بر اندیشه های جالینوسی و فلسفه یونانی یاد کرده است و همچنان در سایر آثارش به این مهم به طور تطبیقی پرداخته است. بدین گونه به بررسی موضوعات چون علم، عقل، مرگ اندیشی و دیگر مباحث از این دست، از منظر درون دینی و معرفت دینی نگریسته و از آراء یونانی دوری جسته و آنرا رهگشاه نمی داند. بنابر این همه نشان دهنده فهم دینی و فلسفی حکیم غزنه به شمار می آید.

از ابیات ابتدائی این مثنوی که با محدودیت عقل آدمی در مورد معرفت باری تعالی آغاز میشود و عجز آنرا عملاً و عمداً بیان نموده و حتی برداشت عقل را در زمینه «وهمی» بیش نمی داند. مبتنی بر چنین دیدگاهی، سنایی در اینجا به نحوی عقل و ایمان را مقابل هم قرار می دهد. گرچه وی در مورد فضیلت عقل در کتاب حدیقه خویش باب جداگانه ای دارد و به شکل مبسوطی به آن پرداخته است، اما تفوق ایمان

بر عقل مبتنی بر حکمت های یونانی را در آن به شکل آشکارا می توانید ببینید. چون از این منظر عقل و عقلانیت به عنوانِ سنت اروپائی (فرهنگ یونانی و روم باستان) محسوب می شود. از این رو سنائی در اینجا به تعبیر مصطفی ملکیان عملاً در پارادوکس و تناقض عقلانیت و تدیُن قرار می گیرد. به همین جهت غزنوی در یکی از قصایدش چنین آورده است:

برون کن طوق عقلانی به سوی ذوق ایمانی شو

چه باشد حکمت یونان به پیش ذوق ایمانی

بنابراین سنایی واضحاً ذوق ایمانی را بر عقل یونانی ترجیح می دهد. وی خیلی خوب تشخیص داده که برای معرفت الله متعال باید با بال ایمانی پرید، چون اینگونه معرفت چیزی از جنس ایمان را می طلبد، ولی از طریق تفلسف، رسیدن به آن وادی نا ممکن می باشد. نسخه ای را که او می پیجد، رهگشای مصؤن به شمار می آید و ابزار آن نص قرآن کریم می باشد.

در ضمن ایشان به این امر خیلی خوب واقف بود اینکه هر تصوری از خداوند (ج) آن هم به واسطه عقل محض ممکن نیست. زیرا او تعالی از این منظر در هیچ ظرفی نمی گنجد و مبتنی بر این باور، هر فکر و خیالی در واقع جدای از معرفت باری تعالی می باشد. در مقابل این نظریه، نص قرآن مجید را منحیث رهنما برای درک «صفات» و «معرفت» خداوند پیشکش می کند که با نوع تلفیقِ از ایمان به این امر میتوان رسید. جائیکه میگوید:

نبرد عقل در صفاتش راه

نبود وهم را به ذاتش راه

متعاقباً ایشان راه حل بهتر شناخت را این چنین بیان میدارد:

نص قرآن شده است ای عاشق

در صفات جلال او ناطق

و از این بیت پُلی می زند برای شناخت و وحدانیت خداوند (ج) با استفاده از سوره یکصد و دوازدهم قرآن مجید (سوره اخلاص). اما جالب اینکه حین تفسیر این سوره در قالب شعر، به یک موضوع بسیار مهم فلسفی و کلامی (واجب الوجود)[1] می پردازد و نظر خود را صراحتاً بیان داشته است. براین مبنا سنائی متکی به آیات مبارکه قرآن مجید و تفسیر آن نظر خود را در مورد خدا شناسی خیلی عالمانه مطرح می کند و به آن مستنداتی را نیز ارائه می دارد. اما ایشان نیز مانند اکثراً مسلمانان، جایگاه عقل را در شناخت مثلث (توحید، نبوت و معاد) مبتنی بر شرع شریف محدود میداند، در غیر آن این نوع شناخت از الله متعال نا ممکن بوده حتا سخن گفتن در باره آن را مردود می داند. چنانچه در باب اول مثنوی حدیقه الحقیقه(در توحید باری تعالی)[2] به این امر معترف بوده و صرفاً عقل را در شناخت خداوند نا ممکن می داند:

عقل عقل است و جان جانست او

آنکه زین برترست آنست او

****

با تقاضای عقل و نفس و حواس

کی توان بود کردگار شناس

****

---

[1] واجب الوجود بودن پروردگار؛ بحث فلسفی و کلامی در نزد متکلمان مسلمان بود که در مقابل فلسفه یونان به آن پرداخته می شد و بدین ترتیب جدلی شد بین فیلسوفان و متکلمان و عارفان که هیچ یکی شناخت الله منان را نمی- - توانست به شکل واضیح آن بیان دارد، به غیر اینکه اصل قرآنی را بر آن مترتب سازند.

[2] حدیقة الحقیقه، سنایی غزنوی باب اول در صفت «توحید باری تعالی»

گرنه ایزد ورا نمودی راه

از خدایی کجا شدی آگاه

اما این مسئله بدان معنی نیست که جایگاه عقل نزد سنائی کمتر جلوه نموده است، چون طوری که بیان شد، در آثار ایشان فصولِ مختص به موضوع «عقل» به چشم میخورد که همه نمایانگر توجه بیش از حد این شاعر فرزانه به این مأمول می باشد.

شاید به همین سبب است بیشترِ منتقدین، سنایی را متغییر الاحوال می شمارند و اظهار میدارند اینکه وی یک موضوع را از دو منظر متفاوت نگریسته است. ولی به نظر صاحب این قلم، ممکن ایشان مطابق کانتکست هر موضوع چشم انداز مشخصی را مد نظر داشته و این به معنی تنقاض دانسته نمی شود.

اما در مورد جایگاه عقل باید گفت اینکه قرآن مجید نیز به انسانها حق تفکر و تدبر داده است. به گونه مثال ابراهیم خلیل حتی در شناخت الله (ج) هم مقلد نبود و برعکس با تفکر عمل می کرد. پس می شود ابراهیم وار به جای تقلید کور کورانه در مورد هر مسئله ای ولو آن معرفت الله (ج) هم باشد، باید تفکر و تعقل نمود تا به اصل و جوهره آن موضوع برسیم. به قول مولانا بلخ:

مر مرا تقلید شان بر باد داد

که دو صد لعنت بر آن تقلید باد [۱]

به هر صورت، سنایی برای فتح باب این کتاب پرمغزش (طریق التحقیق)، بزرگی و عظمت باری را توأم با وحدانیت او تعالی خیلی خوب بیان داشته و به خواننده این فرصت را می دهد تا با در نظر گرفتن این نکات، در همه ی حال به سیر و سلوک معنوی و دیندارانه بپردازند. بخاطر اینکه بحث توحید از اساسی ترین موضوعات درون

---

[۱] مثنوی معنوی، مولانا جلال الدین بلخی، دفتر دوم- بخش ۱۵

دینی محسوب می گردد و در واقع وظیفه اصلی پیامبران (ع) توحید و جلوگیری از شرک بود، بنأبراین حکیم سنائی سفره رنگین خدا شناسی را پهن نمود تا از این خوان معرفتی، مشتاقان وعاشقان بهره ها برند و به کمالی برسند.

لَیسَ کمِثلهُ شیٌ و هُوالسَمیعُ البَصیر

وتر و قادس و واحد است و صمد

وصف او لم یلِد و لم یُولد

****

بود او اول و بدایت نه

هستیش آخر و نهایت نه

****

به قدیم است اولش معروف

به دوام است آخرش موصوف

****

به یقین واجب الوجود یکیست

هر چه در وهم و خاطر آمد نیست

****

مالک المُلک و پادشاه به حق

مُنشی نفس و فاعل مطلق

****

هر چه در کل کون کهنه و نوست

هست مفعول و فاعل همه اوست

بی قلم صورت بدیع نگاشت

بی ستون خیمه رفیع افراشت

****

مایه بخش عقول اولی اوست

فاطر صورت و هیولی اوست

****

نظم ترکیب آفرینش داد

چشم دل را کمال بینش داد

****

نقشبند وجود جز او نیست

مستحق سجود جز او نیست

****

زآنکه معبود انس و جان است او

مبدع جسم و عقل و جان است او

****

در رهش چرخ و انجم و ارکان

همه درمانده اند و سرگردان

****

همه پوینده اند در طلبش

همه جوینده اند روز و شبش

****

جنبش هر یک از سر شوقیست

هر یکی را از این طلب ذوقیست

حلقه حُکم اوست شوق همه

او منزه ز شوق و ذوق همه

****

فارغ از شوقُ ذوقُ نیک و بد است

برتر از وهم و فکرت وخرد است

****

نامهای بزرگ طاهر او

هست اوصاف صُنع ظاهراو

****

کس نداند که چیست اِلا او

صفتش لا اِلهَ اِلا هُو

****

هر که خواهد که ذکر او گوید

در نگنجد زبان که «هو» گوید

****

بر زبان ذکر هو که داند گفت

جان بود آنکه هو تواند گفت

****

سخن است آنکه بر زبان آید

لیک هو از میان جان آید

****

گرچه بیجا و بی مکان است او

ساکن دل شکسته گان است او

نه به ذاتست ساکن هر دل

بلکه لطفش همی کند منزل

****

هر کجا دل شکسته ای بینی

بینوائی و خسته ای بینی

****

بر زبان ذکر او از او شنوی

شرح اسرار «هو» از او شنوی

****

ذکر او از زبان بسته طلب

معرفت از دل شکسته طلب

****

چند، بی او به کعبه درتکاپو

در خرابات آی و او را جو

****

چون تو در جُستنش نمائی جد

در خرابات جستی یا مسجد

به نظر نویسنده این سطور، اگر سنائی غزنوی تنها همین چند بیت را می داشت، باز هم او را در ردیف متفکران و عارفان بزرگ قرار می داد. این چند بیت که در مدح الله متعال سروده شده، نهایت فهم خداشناسی عمیق این شاعر گرانمایه را نشان می دهد. ظرافت ها و اوج فکری این اندیشمند مخصوصاً در آن بُرهه ای از زمان در خور ستایش است. به درستی مولانا و دیگران خود را پیروان راه این عزیز پنداشته اند. شما

بنگرید ایشان با چه ظرافت و دید تیزبین، عرفان عاشقی را در این قطعه شعر گنجانیده است. مطالعات و تأملات این انسان فرهیخته واقعاً ستودنی است.

به یقین می توان گفت سنائی فهم و درک دقیق از قرآن و تفسیر را داشته است. وی همچنان بدرستی تشخیص داده که همه چیزیکه در کَون و مکان و هستی، ناشی از او تعالی می باشد و هیچ امری بیرون از او تعالی نیست و نمی باشد. حکیم غزنه در این زمینه چنین سروده است:

هر چه درکل کَون کهنه و نوست

هست مفعول و فاعل همه اوست

یک بار دیگر در مورد صفات خداوند چنین بیان می دارد:

نامهای بزرگ و طاهر او

هست اوصاف صُنع ظاهر او

او بخوبی اوصاف پروردگار عالمیان را درک کرده و از دید بشری و از «اُفق معنا» به آن نگریسته است. بخاطریکه همه ای اوصاف ظاهری خداوند منان غرض شناخت و معرفت بهتر و بیشتر او تعالی در چارچوب عقل آدمی میباشد. چون این صفات فقط بخاطر فهم و درک ما آدمیان است، ورنه اوصاف باری برتر از تصور و اندیشه هاست. به قول «ملا صدر الدین شیرازی» (ملا صدرا) فیلسوف اسلامی سده یازدهم هجری، چون خداوند (ج) بی نهایت و برتر از تفکر آدمی است، بنابراین آدمیان به اندازه فهم و شعور خویش تصور مینمایند، پس باید در پرتو قرآن مجید بزرگ و بی نهایت اندیشید تا درک بهتری از او تعالی به دست آید. بر همین سیاق به قول «دکترعبدالکریم سروش» باید تصور انسان وار از خداوند را از اذهان زدود. پس بر این مبنا میشود در پرتو نصوص و از جانبی با تدبر ژرف بر اوصاف او تعالی، تا اندازه ای به

شناخت واقعی رسید. سنایی نیز بدرستی به این موضوع مهم پرداخته، جائی که میگوید:

فارغ از شوقُ ذوقُ نیک و بد است

برتر از وهم و فکرت وخرد است

سنایی در مثنوی حدیقهٔ الحقیقه خویش جایی چنین آورده است:

به خودش کس شناخت نتوانست

ذات او هم بدو توان دانست

****

عقل حقش بتوخت نیک بتاخت

عجز در راه او شناخت شناخت

****

کرمش گفت مر مرا بشناس

ورنه کِی شناسدش به عقل وحواس[۱]

بدین ترتیب او به ما می آموزاند که خداوند کریم را باید با صفات اقدس اش شناخت و از اوصاف متعارف بشری مجزا دانست و باید یقین کرد که هیچ چیزی مثل و مانند او تعالی نیست « لَیسَ کمِثلهُ شیُ».

کس نداند که چیست اِلا او

صفتش لا اِلهَ اِلا هُو

---

[۱] حدیقهٔ الحقیقه، ابوالمجد، مجدود ابن آدم سنایی، باب اول، توحید باری، فصل معرفت

در یک کلام سنائی یک پارچه عاشق الله متعال است و علی وار و ابرهیم (ع) گونه معرفت دینی خالصِ داشته و خواسته تا در قالب اشعارش، اینها را به ما برساند و این سلسله سر آغازی مبارکی شد برای رهروان زیادی بعد از ایشان.

سنایی غزنوی در همین مثنوی الطاف الهی را لامکان و لازمان، ولی «در ظاهر پارادوکسکال» در کنج هر دل شکسته و خسته، مسجد و کعبه، خرابات و دَیر می بیند و همگان را چون پروانه های سوخته ذل به گرد شمع معنا، تمثیل کرده است:

چند، بی او به کعبه درتکاپو

در خرابات آی و او را جو

****

چون تو در جُستنش نمائی جد

در خرابات جستی یا مسجد

به همین ترتیب او در ادامه مبحث خداشناسی، در مورد وحدانیت و معرفت او تعالی، در باره مفهوم لقاءالله نیز پرداخته که دید نسبتاً سنت شکنانه تری را ارائه کرده است و در مباحث بعدی مفصلاً به آن پرداخته خواهد شد.

وَالَّذینَ جاهدُوا فُینا لَنُهدِینهُم سُبُلَنا

راه جستن ز تو هدایت از او

جهد کردن ز تو عنایت از او

****

هرچه بینی ز خاک تا گردون

نیست چیزی ز علم او بیرون

****

زآنچه بیرون سقف گردون است

جمله معلوم اوست کو چون است

****

هست علمش محیط بر همه چیز

حکم او نافذ است در همه چیز

****

دافع جمله بلیات اوست

عالم السر والخفیات اوست

****

هرچه در خاطرت بیندیشی

همه معلوم او بود پیشی

در این مثنوی، سنایی با الهام از آیات مبارکه سوره عنکبوت قرآن اعظیم الشأن،[1] و با توجه به زمانه ی زیسته اش، دقیقاً تفسیر همه جانبه ای را بیان کرده که حتی امروزه این تدبُر شان قابل تمجید میباشد.

چون در شروع این مثنوی و فرد اول آن با شناخت از لفظ «هدایت» و چگونگی عنایت باری تعالی بر هدایت بندگانش، آنرا یک رابطه دو طرفه تلقی نموده است. یعنی تا شما خواستار چیزی نشوید آن شئ برای شما میسر نمی شود. این موضوع دقیقاً مصداق همان آیه کریمه "ادعُونِی استَجِب لکُم"[2] است. پس این شاعر عارف رابطه دو طرفه «رب و عبد» را به شکل ظریفی بیان نموده است. پس بر این مبنا، بدون تلاش و کوشش، راهبری و هدایت میسر نمیگردد و در صورت راه جستن و تلاش است که امر هدایت محقق میگردد.

---

[1] آیهٔ ۶۹ سوره عنکبوت؛ قرآن مجید

[2] آیهٔ ۶۰ سوره غافر؛ همان

از سیاق فرد اول این قطعه بدرستی بر می آید که شناخت سنایی غزنوی از هدایت خداوندی خیلی دقیق بوده، چون در اصل کلمه هدایت نه تنها «رهنمایی» صِرف معنا می دهد، بلکه اصل ریشه عربی آن «راهبری» توام با راهنمایی است.

عبدالعلی بازرگان، مفسر مشهور ایرانی، یک مثال بسیار خوب امروزین و مأنوسِ برای مفهوم «هدایت» دارد. او چنین می گوید؛ " تصور نمایید شما در شهر جدیدی مسافرت نموده اید و از این «جی پی اس» و تلفن های هوشمند هم ندارید، از یکی از ساکنان منطقه آدرس مورد نظرتان را می پرسید و او طبق معمول و عرف توضیح میدهید که چند متر به راست و بعداً چپ .... برو تا بلاخره به همان آدرس مورد نظر برسید. این نوع همکاری را «راهنمایی» می گویند؛ اما یکی دیگر از باشندگان محل می گوید بفرمایید من شما را به آدرس مورد نظر تان می رسانم و بلافاصله با شما راه می افتد و به همان آدرس مورد نظر می رساند. این شیوه اخیر را «راهبری» می گویند نه «رهنمایی»".

پس به این نتیجه میرسیم که راهبری دقیق تر از راهمنایی است، زیرا در مسئله راهنمایی ممکن شما باز هم مرتکب خطا شوید و به آدرس مورد نظر نرسید، اما در مورد راهبری، فرد راه بلد با شما است او دقیق می داند از کدام راه بدون اشتباه شما را به مقصد تان برساند. مبتنی بر همین مثال میشود فهمید که هدایت الله (ج) راهبری است نه صرفاً راهنمایی تنها.

آقای بازرگان بخاطر توضیح بیشتر مطلب یک مثال دیگری هم می آورد و آن اینکه؛ " در فرهنگ عرب و مخصوصاً در قدیم ها کسانی که کاروان ها را از صحرا به مقصد می بردند «هادی» گفته می شدند، چون خود با کاروان شب و روز از آن دشت ها همراه می شدند. در زبان عربی «هادی» به چنین شخصی اطلاق می شد و این گونه صفت را داشت. پس ریشه لفظ هدایت از همان «هادی» می آید، بنابراین لفظاً و معناً منظور از چنین راهبری است.

پس با دانستن این مطلب میشود پی برد، سنایی دقیق می دانسته تا چه مفهومی را از هدایت افاده کند. بر این اساس شرط راهبری در جهد و تقاضا است، در غیر آن تا شما از کسی نشانی خانه کسی را نپرسید شما را کجا راهنمایی و راهبری می نمایند.

سیاق آیه فوق (وَالَّذینَ جاهدُوا فیْنا لَنُهدینهُم سُبُلَنا) دقیقاً همین رابطه دو جانبه است و این جزِ عمل ما است. پس سنایی ما را بر این امر ملتفت می سازد که برعکس مقوله های عامیانه وعوامگرایان (اینکه خداوند هدایت می کند ولو عمل و جهد از جانب ما هم نباشد) باید هدایت با تلاش و کوشش ما و توأم با مشیت الهی همراه و هم آهنگ باشد تا رستگار شویم.

راه جستن ز تو هدایت از او

جهد کردن ز تو عنایت از او

با آنچه گفته شد دیده می شود، برخلاف اکثراً متقدمین، سنائی بر این امر آگاه بوده و بدرستی مفهوم هدایت خداوندی را دانسته و چه بسا از آن بهره ها برده باشد.

در بیت دوم محیط بودن علم باری را بر همه چیز بیان می دارد. البته بحث های فلفسی و کلامی زیادی در چگونگی احاطه علم خداوند در تاریخ موجود بوده است. ولی منظور ازلی و ابدی بودن علم خداوند و بحث هایی از این دست است که از ابن سینا تا فارابی در فلسفه جریان داشت و آنها مبسوط به آن پرداخته بودند و جدل های فراوانی را در قبال خود داشته کما اینکه امام غزالی در کتاب «تُهافت الفلاسفه»[1] خویش در مقابل این فیلسوفان قد علم کرد و نظریات صریح خود را بیان داشت. نظر غزالی در این خصوص چنین است که "خداوند در علمِ واحد در ازل و ابد به کل چیز احاطه دارد". به همین ترتیب اقبال لاهوری در کتاب «بازسازی فکر دینی یا اصلاح اصول دین» می گوید "علم خداوند (ج)، علمِ به خویشتن است و هیچ چیزی بیرون از

[1] تُهافت الفلاسفه، مسأله سیزدهم ص ۲۱۵

او نیست و به همین سبب علم کامل است و هیچ چیزی پوشیده بر او نیست و برهمه چیز محیط است". [۱]

اما سنایی غزنوی در اینجا از دید محض عرفانی به این موضوع نگریسته و این در ذات خود کم ریسک ترین راه نسبت به دو نظریه ای «امام غزالی» و «اقبال لاهوری» تلقی میشود. جائیکه سنایی در هیمن مثنوی می گوید:

هست علمش محیط بر همه چیز

حکم او نافذ است در همه چیز

پس هیچ چیزی از علم خداوند بیرون نیست، در اینجا منظور از علم آگاهی و مُشرِف بودن به جزئیات همه چیز میباشد، کما اینکه بیت سوم و چهارم، این موضوع را بصورت بسیار واضح باز کرده و آن اینکه علم الله (ج) نه تنها محیط بر همه چیزی که در گردون و بیرون از گردون است، (به تعبیر امروزی خارج از کهکشان راه شیری) و یا برطبق نظریه «استیفن هاکینگ (Stephen W. Hawking) جهان های موازی»[۲] بلکه حُکمش هم بر همه جا نافذ و ساری است. حالا حُکم را حکمت بگیریم یا امر، به هر دو حالت سیطره و قدرت الله متعال را بر همه چیز از «کل تا جزء» در بر می گیرد:

هرچه بینی ز خاک تا گردون

نیست چیزی ز علم او بیرون

در بیت پنجم این قطعهِ مثنوی (مانند سبک قرآن مجید) یک تکه بیرون از رشته بحث قبلی می آندازد و «به آن جمله معترضه می گویند» و چنین جمله معترضه، مهم بودن یک موضوع را می رساند. بدین مفهوم « الله (ج) دافع همه بلیات میباشد» ولی باز هم سنخیت تام به موضوع علم خداوندی دارد، چون در بیت مقابلش الله (ج)

---

[۱] باز سازی فکر دینی در اسلام، از اقبال لاهوری ص ۳۸

را عالم سِر و خفیات نیز می داند، الحق که چنین هم است. به این اساس میشود گفت «خفی» در مقابل «جلی» می اید، یعنی چیزهایی که از چشم ما پوشیده است علم خداوند به آن محیط است.

اگر از این ابیات بگذریم، سنایی یک مجدداً مانند بحث «هدایت» به یک موضوع مهم دیگر نیز اشاره ای دارد که در خور تأمل است، جائی که در بیت اخیر می گوید:

هرچه در خاطرت بیندیشی

همه معلوم او بود در پیشی

یعنی وقتی ما روی یک موضوع می خواهیم فکر کنیم، قبل از انجام و مباشرت به آن برای خداوند معلوم می باشد. یعنی خداوند از چیزی که در اندیشه ها خطور می کند واقف است، حتی پیشتر از آن و قبل از اینکه موضوع را به اثر فعل و انفعالات سیستم مغزی تجزیه و تحلیل کنید، الله متعال به آن علم کامل دارد و می داند.

این موضوع مرا بیاد مطلب تأملات فلسفی دکارت می اندازد که در مورد هنر اندیشیدن نظریه ای جالبی دارد. گرچه دکارت نمی خواست به آن رنگ دینی بدهد، اما موضوعات و تأملات خود را بنحوی با متافیزیک عجین کرده بود. او مسئله عقلگرایی را مطرح میکند و بعداً کانت و اسپِنوزا به آن پرداختند، اما او خداوند را «عقل کُل» می داند.

به هر صورت، دکارت یک موضوع جالبِ دارد و می گوید که "انسان در حالت هستی می اندیشد"[1]، یعنی وقتی چیزی باشد اندیشه بوجود می آید. یا در جای میگوید که "ذات من همین است که می اندیشم". پس از نظر دکارت انسان اندیشه می کند. امروزه از نظر علم مغز وعصاب، یک سوژه که در قسمت خاصِ از مغز برای اندیشیدن بوجود می آید، یک سلسله مکانیزم های خاصی تجزیه و تحلیل را پشت سر می

---

[1] فلسفه دکارت، منوچهر صانعی دره بیدی، ص ۵۵ و یا به تأملات فلسفه اولی مراجعه شود.

گذراند تا به «اندیشه» تبدیل می شود و به مرحله اجرأ در می آید. در نهایت امر، خداوند در پس سوژه است و قبل از اندیشیدن ما، علم به او دارد و به تعبیر سنایی « همه معلوم او بود در پیشی».

بنابر همه ای این حرف و حدیث های مطروحه، سنائی بدرستی راه را تشخیص داده بود و میشود گفت واقعاً وی از منظر فکری نسبت به زمانش پیشتر زندگی می کرد و به همین سبب گفته اند او «اندیشه و علم» را در شعر فارسی پدید و انقلاب شعر متفاوت را به ارمغان آورد.

مناجات در تنزیه و تقدیس حضرت باری سبحانه

ای صفات مقدس تو صمد

وی منزه ز شُبه و جُفتُ ولد

****

ای برآرندهٔ مه و خورشید

نقش بند جهان بیم و امید

****

ای به تو زنده جان و جسم بجان

جسم و جانرا ز لطف توست روان

****

قبلهٔ روح آستانهٔ توست

دل مجروح ما خزانهٔ توست

****

روح را هر نفس ز تو مدد است

کرم و رحمت تو بی عدد است

****

در جهان هر چه در کارند

خواه مجبور و خواه مختارند

****

همه گردن نهاده حُکم ترا

دم که یارد زدن ز چون و چرا

****

این و آن عاشق جـــــمال تواند

روز و شب طالب وصال تواند

****

تا در آن کارگاه کار کراست

تا برآن آستانه کار گراست

****

ای بسا مسجدی که راندهٔ توست

ای بسا بت پرست خواندهٔ توست

****

گر سیاست کنی تو مسجد کیست

ورعنایت کنی تو میکده چـیست

****

هر چه خواهی کنی که حُـــکم تراست

زآنکه حکمت ورای چون و چراست

این مناجات پر مغز، نهایتِ سلوک و اوج گرفتن سنائی را نشان می دهد. همانند عناوین وحدانیت و معرفت خداوند که قبلاً ذکرش رفت، در این ابیات همچنان بزرگی و جلال و حشمت و جایگاه رب العزت را بیان می دارد.

در واقع سنائی در اینجا از دریچه طبیعت به معشوق نگریسته است. یعنی از هر سراطی خود را به منبع واحد رحمت رسانیده و در دل «طبیعت و اندیشه»، باز هم بخدا رسیده است.

مناجات عارفان ما نه تنها حمد و ستایش محض است، بلکه معرفت، عشق و خداشناسی خالص ایشان را نیز نشان می دهد. یعنی با این خدا شناسی، این عزیزان ناخودآگاه به زبان «حال و قال» مدح الله (ج) را بر زبان جاری می ساختند و این عین مفهوم «سجده» را تداعی می کند. در اینجا سجده به مفهوم «هموار ساختن وجود» است. این بزرگان در عمل نیز چنین نمودند، زیرا از درون وجود شان چنان جوششی سر بر می کشید که کلام شان در اوج بلاغت و تأثیرگذاری قرار میگرفت.

در مجموع این ابیات مرا یاد مناجات پیر هرات «خواجه عبدالله انصار (رح)»[1] و به همین منوال مولانا نورالدین عبدالرحمن جامی که ارادت خاصی به سنائی داشت، می اندازد و دیده می شود همه از یک ریشه آب می خوردند یعنی از چشمه واحدی سیراب می شدند. جامی در «تحفۀ الاحرار» مناجات پر سوزی دارد و قسمتی از آن در خاتمه خدمت تقدیم میگردد:

ای صفت خاص تو واجب به ذات

بسته به تو سلسلۀ ممکنات

****

کون و مکان شاهد جود تواند

حجت اثبات وجود تواند

---

[1] به مناجات نامه پیر هرات (خواجه عبدالله انصاری)، شریف منصور ص ۳۶

****

دایرهٔ چرخ مدار از تو یافت

مرحلهٔ خاک قرار از تو بافت

****

عرصهٔ گیتی که بود باغ سان

تربیت لطف تواش باغبان [۱]

يَفعَلُ الله مايَشآءُ وَيَحكُم مايُريدُ

ما ضعیفان که در مجاهده ایم

طالب لذت مشاهده ایم

****

به غلامیت جمله منسوبیم

رد مکن گرچه زشت و معیوبیم

****

همه فانی شویم و تو باقی

همه مست توایم و تو ساقی

****

بندگانیم ما، خدائی تو

رهنماییم و رهنمای تو

****

[۱] هفت اورنگ، باب تحفهٔ الاحرار، مولانا عبدالرحمن جامی، تدوین علی مصطفوی، ص ۶۵

طلب ما ز تو عنایت توست

رهبر ما به تو هدایت توست

****

گفت حضرم ز راه غمخواری

کای فرو مانده در گرفتاری

****

بیت اخزان چه جای توست بگوی

مصر عیش از برای توست بجوی

****

خیز و بیرون خرام ازین مسکن

رخت خود زین وطن برون افکن

****

کاندرین خطه خراب آباد

نشود حوذ دل خراب آباد

یکی از حس های قویِ اداراک بشری، همانا قوه باصره (دیدن و مشاهده) است، یعنی با نگریستن به پیرامون مان اطلاعات را کسب کرده و در دستگاه مغز و اعصاب بعد از تجزیه و تحلیل، به تجسم و شناخت آن اشیاء میپردازیم. این فرآیند ممکن در ظرف کمتر از چند صدم ثانیه اتفاق بافتد. پس مشاهدات عینی، یکی از ارکان اساسی دریافت ها تلقی می شود.

در آغاز بیت اول، سنائی از تلاش آدمی برای مشاهده و نتیجه مترتب از میپردازد، حالا می تواند منظورش مشاهده ی طبیعت باشد (نشانه های خداوند در طبیعت) که یک بخش قابل ملاحظه ای را در کلام الهی تشکیل می دهد، یا هم منظور از طلب مشاهده، دیدار و لقا باری در آخرت باشد، (در این خصوص اعتقاد جمع از مسلمین و

به تبع آن عارفان نیز قویاً به این امر است)، گرچه در مورد مکانیزم و چگونگی لقا فی الله، بحث های فراوان کلامی و فلسفی موجود است، ولی در این قسمت به آن مباحث نمی پردازیم، تنها نظر سنایی را در این زمینه واکاوی خواهم نمود.

تا جائی که از فحوای شعر بر می آید، سنایی عمداً این موضوع را آورده تا تشنه گان به لقاء خالق هستی را که مست جرعه ای از پیمانه معرفت الهی هستند، به این امر بیشتر ملتفت سازند:

همه فانی شویم و تو باقی

همه مست توایم و تو ساقی

در اینجا آن بحث طلب از رب و تشنگی مستانه بکلی هویدا است. شما ببینید ظرافت شاعر تا جایست که انسان ها را مست و مدهوش باری میداند و به این ترتیب یک رابطه دو طرفه بسیار عاشقانه ای را ترسیم میسازد. این رابطه قشنگ دو طرفه بجز از رابطه «عبد و رب» چیزی دیگری نیست و نمیتواند باشد.

در این مثنوی چیزی دیگری که بدل چنگ میزند این است: "رهنماییم و رهنمای تویی". در این بخش نگرش ژرف سنایی را از واژه هدایت و رهنمایی آن هم در آن عصر، می توان بخوبی مشاهده نمود. چون واژه هدایت به عربی از همان ریشه هادی گرفته شده و هادی چنانچه قبلاً توضیح شد به مفهوم راهبری و راهبردی است، و راهبر یا هادی از مبدأ تا انتها در آن دخیل است (رهنمایی توأم با همراهی از خم و پیچ ها). این گونه رهنمایی، رسیدن به مقصود را صد در صد میسر میسازد و تضمینی هم است.

در قسمت پایانی این مثنوی، سنایی مجدداً به یکی از دغدغه های اساسی (عاقبت اندیشی) می پردازد و به زبان قال ندا می زند که از این «خراب آباد» باید دل کند، چون دل در اینجا آباد نمی شود، احیاناً اگر شود، سلیم و سیراب نخواهد شد.

در جواب حضرت خضر گوید

گفتم ای مرحمِ دلِ ریشم

سخنت نوش جانِ پرنیشم

****

ای همایون لقای عیسی دَم

وی مبارک پی خجسته قدم

****

ای سبک روح این چه دلداریست

وی گرانمایه این چه غمخواریست

****

ای مَلَک سایه این چه تعریفست

وی فلک پایه این چه تشریفست

****

التفات توام مُکرم کرد

لطف تو از غم مُسلم کرد

****

مددم ده به همّت مُکرِم

تا من دل شکستهٔ مُجرِم

****

پایم از بند حرص بگشایم

یکدم از بند خود برون آیم

****

پیش گیرم طریق تقوی را

از برای صلاح عُقبی را

****

ره روم تا روم بدان منزل

کآگهی یابم از حقیقت دل

****

مگر آن بخت یابم از اقبال

کافکنم رخت در جهان کمال

حکیم بزرگ در اینجا از حضرت خضر که در معارف دینی ما آمده و صوفیان و عارفان زیادی نیز برای تبیین حالات خویش و یا از جهت پند و یا هم غرض راهگشای مشکلات از آن یاد کرده، یاری جسته است و به یک دیالوگ بسیار عارفانه میپردازد. در واقع خضر را ندیم خویش قرار داده و سفره دل را نزدش پهن کرده است. اکثراً عارفان ما از این طریق خواسته اند انتقال مطلب کنند، کما اینکه مولانا بلخی نیز در مثنوی معنوی هرجا در قالب حکایات، اسامی را بهانه قرار داده بر منتقل ساختن نظریات و تأملات خود از آن کار گرفته است. حال سطحی اندیشان، فاعل ظاهری داستان را تعقیب می کنند، اما ژرف نگرها و اهل دل می دانند پس پرده ی این و یا آن شخصیت روحانی و داستانی، جز خود مولانا دیگری نیست، در واقع از احوال متلاطم خود در این قالب ها پرده برداری می نمایند. پس اینجا چشم بصیرت می خواهد تا آن را تشخیص داد. بنا بر همین اصول، سنائی نیز در عالم واقع با «خویشتن» خویش سر صحبت را باز مینماید. ولی خضر را بهانه قرار داده و تعهدات اخلاقی اش را تجدید ساخته و میخواهد از بند پلیدی های حرص و آز بیرون آمده و دیگران را نیز از آن مطلع سازد:

پایم از بند حرص بگشایم

یکدم از بند خود برون آیم

در دو بیت آتی آرزوی معنوی خود را صراحتاً این چنین بیان میکند:

ره روم تا روم بدان منزل

کآگهی یابم از حقیقت دل

او با این گفتگو تمثیلی، در پی کمال خویش و دریافت حقیقت است و چه شاعرانه به آن پرداخته و چه عارفانه آنرا صورتگری کرده است. در این هیچ شکی نیست که سنائی پی حق و حقیقت بود، در این راه تلاش های مبسوطی را انجام داده و این تجربیات را منحصر به خود باقی نگذاشته، بلکه در قالب اشعار ناب، برای نسل های بعدی منتقل ساخته است.

فصل فی سوال العقل :در سؤال از عقل و جواب او

خردم دوش اندرین معنی

نکته‌ای چند نغز کرد املی

****

گفت شهری که جا و مسکن ماست

صحن او سقف گنبد اعلاست

****

خاک او راست نکهت عنبر

آب او راست، لذت شکر

****

نز برودت درآن اثر بینی

نز حرارت در آن شرر بینی

****

اندر آن شهر ما گلستانست

که چمنهاش نزهت جانست

****

طوطیان بینی اندر آن بُستان

همه را ذکر حق بود اِلحان

****

چون بود ذکر حق تعلمشان

ربی الله بود ترنمشان

****

در چمنهاش بلبلان گویا

نغمه شان جمله ربنا الاعلی

****

مقصد صدق از ولایت ماست

هرکه آنجاست در حمایت ماست

****

همه گان خاص حضرت سلطان

جسته از بند انجم و ارکان

****

رهروان بینی از سرِعبرت

همه افتاده در ره حیرت

ساکنان بینی از سر اخلاص

چشم بگشاده بر سُرادق خاص

****

چون بدان شهر جان فرود آئی

زان همه درد سر فرود آئی

****

مسکن و جایگاه ما بینی

مجلس خاص شاه ما بینی

****

خلعت شاه بی بدن پوشی

بادهٔ شوق بی دهن نوشی

****

نغمهٔ بلبلان ره شنوی

وحدهٌ لاشریک لهٌ شنوی

حکیمِ غزنه نه تنها ظرافت شعری بالایی داشت، بلکه در سیر تخیل و تجسم نیز صورتبند بی همتایست، به همین جهت خواستم تا عنوان این کتاب را « صورتگر رمز و اسرار» بنامم. چون سنایی در این گونه اشعار استاد است و کتاب « سیر العباد الی المعاد) یکی از شاهکارهای وی محسوب می شود که در آن مراتب عرفان در تخیل و رؤیا سخن گفته و در آنجا زبانش کاملاً رمزی، پارادوکسیکال و بی صورت است. به همین جهت خواننده را در مرز فهمیدن ونفهمیدن قرار می دهد. شما در بقیه ای آثار شان جدای از «سیرالعباد الی المعاد» در جاه جاهی به چنین سبک و سیاق شعری بر می خورید، در این بخش نیز ما شاهد همان نوع شعری و یا به تعبیر محمود فتوحی « تمثیل رؤیای تشرف» می باشیم.

به هر صورت، تا جائیکه فهمیده میشود، سنایی خواسته تا آرمانشهر معنوی را ترسیم نماید. یعنی آن تعریفی از بهشت و وعده باری تعالی بر بندگان نیک سرشتش را خیلی عارفانه و ظریفانه در قالب مثنوی و تمثیل آورده است. لازمه رسیدن به این آرمانشهر را فقط در بند «وحده لا شریک له» دانسته است.

کفر و دین است در رهش پویان

وحده لا شریک له گویان

در دنباله مثنوی، سنایی در توضیح و بیان آن آرمان شهر معنوی روحانی چنان غرق شده تو گویی آن سالک حکیم و دانا در رویا خود آنجا را دیده است. شاید می شود گفت چنین هم بوده، زیرا طوری که عرض شد، در کتاب «سیرالعباد الی المعاد» غرق در چنین رؤیاها بوده و همچنان از سلیقه تماثیل بسیار بخوبی بهره جسته است. از این حیث حکیم غزنه را به دانته در غرب تشبیه می کنند. او با خیال پردازی توأم با خلعت رویائی عارفانه، به چنان اقلیمی پای می نهد که وصف آن در زبان قال میسر نیست. جائی که می گوید:

خلعت شاه بی بدن پوشی

بادهٔ شوق بی دهن نوشی

این نوع دیدگاه عارفانه، اوج شناخت و معرفت سنایی را از آن سرای دگر نشان می دهد. در اینجا مرا به یاد آیات پایانی سوره «دخان»[1] که همین امروز قبل از نوشتن این مطالب، تلاوت نموده بودم، می اندازد و آن مؤید همین دیدگاه سنایی میباشد. شما دیدید این حکیم چقدر زیبا مفهوم اصلی «بهشت» را درک کرده و آنرا در یک قالب بسیار زیبا تمثیلی ریخته است.

---

[1] مراجعه شود به آیات ۵۱ الی ۵۷ سوره دخان – قرآن کریم

در کل سنایی غزنوی خواسته این مطلب را به ما توضیح دهد که در خوان باری نشستن چه لذت و مرتبتی دارد.

وَسَقَاهُم رَبُهُم شراباً طُهوراً (فی جواب العَقل)

گفتم ای سایهٔ الهی تو

زآنچه هستی جوی که کاهی تو

****

ای تو بر لوح کون حرف نخست

آفرینش همه نتیجهٔ توست

****

نشو از توست شاخ فطرت را

ثمر از توست باغ فکرت را

****

چون مرا دیده ای بدین سستی

هر چه گفتی صلاح من جستی

****

چون کنم چون من حزین ضعیف

پای بندم در این سواد کثیف

****

نیست گویی جهان زشت و نکو

جز از او و بدو و بلکه خود او

****

هست این خطه را هوای عفن

ساکنان شکسته پای و زمن

****

گرچه هست این رباط منزل من

هست مایل به شهر تو دل من

****

جان بر افشانم از طرب آن دم

که نهم اندر آن سواد قدم

****

مسکین من در این رباط خراب

ساخته خانه در ره سیلاب

****

بستهٔ بند و حبس ارکانم

پای برتر نهاد نتوانم

****

نشود نفس خاکیم فلکی

تا نگردد نهاد من ملکی

****

نرسد کس به کعبهٔ تحقیق

تا نباشد رفیق او توفیق

****

هیچ دانی که چون گرانبارم

به غم دیگران گرفتارم

****

روزگاری برای قوت عیال

باز می داردم زکسب کمال

****

هستم از استحالت دوران

چون شتر مرغ عاجز و حیران

فصل فی الشکایه

نیستم اندرین سرای مجاز

طاقت بار و قوّت پرواز

****

نه غم این طرف توانم خورد

نه بدان شهر ره توانم برد

****

پس همان به که گوشه ای گیرم

تن زنم گر زیم و گر میرم

****

به حوادث رضا دهم شاید

چه کنم آنچنانکه پیش آید

****

بروم باهنر همی سازم

وز هنر بر فلک سرافرازم

****

به خدایی که پاک و بی عیب است

واهب العقل و عالم الغیب است

****

که مرا اندربن سرای هوس

جز هنر نیست یار و مونس کس

****

هنرم هست لیک دولت نیست

در هنر هیچ بوی راحت نیست

****

باهنر کاج دولتم بودی

تا غم وغصه‌ام بِفرسودی

****

هست معلوم عالِم و جاهل

که در این روزگار بی حاصل

****

منصب او را بود که شورانگیخت

نان کسی خورد که آبروی بریخت

****

من نه انم که شورانگیزم

آبرو را برای نان ریزم

****

همّتم هست اگرچه نانم نیست

سخن فحش بر زبانم نیست

****

تا ابد بینوا بخواهم ماند

فحش و بد بر زبان نخواهم راند

****

بخت من زان چنین نژند افتاد

که مراهمّت بلند افتاد

****

نه خطا کرده ام غلط گفتم

حَشو بود این سخن که من سفتم

****

من در این غصه جان همی کاهم

منصب این جهان نمی خواهم

****

عزت آن جهان همی باید

گر ذلیلم در این جهان شاید

طوریکه از این دو مثنوی برداشت می شود، سنائی از عجز خویش در مقابل رب پرده برداشته و بعداً از این دیر طراب شکایت نموده است. شاعر اینجا حالت خود، رنگ روزگار و زمانه اش را به تصویر کشیده و در قسمت های دیگر شعرش از ناچاری

سخن می گوید "بال پرواز ندارم تا از این شهر بروم و چاره نیست"، حتی شهر دیگری را هم ترجیح داده نمی تواند، شاید بدلیل نظام های حاکم در منطقه و یا از جور انسان های نا بخرد به ستوه آمده بود. به هر تقدیر که باشد، او ناراضی می نماید و سپس نا امیدانه به خود تلقین می کند که در گوشه عزلت نشیند و خود را به تقدیر بسپارد و این امر عین ناچاری و شکستگی یک انسان را نشان می دهد. هر وقتیکه سنایی از مردم و محیط دلسرد میشد، خواسته یا نا خواسته به گوشه گیری می پردازد و خود را با هنر و علم ندیم میکرد و از این جهت هنر را سرفرازی می داند. چنانچه غزالی نیز زمانی چنین کرد، وی با یک وسوسه درونی بر آن همه ی مسند و جاه پشت کرد و خلوتی گزید تا برایش جلوتی نمایان شود.[۱]

پس گوشه گیری های مقطعه ای سنایی نیز گاهاً از روی ناچاری بوده، ولی خوشبختانه به بازدهی علمی و هنری او انجامیده و باعث پرورش بیشتراش گردیده است.

گرچه منتقدین و برخی از راویان زندگی سنایی، او را مردی پریشان حال و متغیر مزاج قلمداد کرده اند. اما از نظر نویسنده این سطور، این تحولات و دگر گونی های وی که در اشعارش نیز ریزش کرده است، باید در کانتکست زمان و شرایط زیسته اش بررسی شود، آنجاست داوری ما بخود رنگ و بوی دیگری خواهد گرفت.

به هر صورت، از ابیات متعاقب چنین مستفاد میشود که این اشعار بعد از همان تحول روحی حکیم غزنه سروده شده، زیرا وی از دست تنگی و مادیات حرف می زند. انجا که می گوید:

هنرم هست و لیک دولت نیست

در هنر هیچ بوی راحت نیست

---

[۱] المنقذ من الضلال (اعترافات غزالی)، زین الدین کیائی نژاد ص ۲۳

بعداً اضافه میکند کاش دولت داشتم و چنین نمی پوسیدم. اما این حرف طعنه ایست به روزگار چگونه مادیات جای معنویات را گرفته و برای اینکه این امر را واضح ساخته باشد، در بیت بعدی به مزمت دولت نیز پرداخته است.

کسانیکه در آن دور و زمانه شور انگیزی می کردند و برای رسیدن به منصب دو روزه دنیا و لب نانی، آبروی خویش می ریختند، سخت تاخته است:

من نه آنم که شورانگیزم

آبرو را برای نان ریزم

بناً در آن زمان منصب و کرسی شده بود ریختن آبروی خود تا به آن مقام رسید، کاری که امروزه نیز با تأسف در اکثر کشورها رایج است. از همه بدتر شور بد زبانی در دوره او پدیده رایج بوده، به نحویکه در همین مثنوی می گوید، "گرچه مادیات ندارم اما همتم بلند است به همین منظور فحش به زبان ندارم، حتی اگر تا ابد هم بینوا بمانم، چنین نخواهم کرد ". بدین مفهوم ما با اخلاق بلند سنایی آشنا میشویم که بر زبانش کنترل داشت و این خود یکی از موارد اخلاقی و دینی است که در باره آن تأکید فراوان شده است.

به هر ترتیب، شما بنگرید کسی که در مقابل اصلاح حکام ظالم زبان باز و تند داشت، اما در اینجا بخاطر قُبح اخلاقی موضوع و نرفتن پی چنین مقام و منصب ذلالت بار، از آن استفاده نکرده و نمی پسندد. در واقع ما با سنایی اخلاق مدار نیز آشنا می شویم و آن اینکه او نه تنها مانند سایر عرفا از زرق و برق دنیا می بُرد، بلکه تصمیمش بخاطر صبر و برده باری و طفره رفتن از قدرت قاطع و این عملش در عین زمان ستودنی است.

پس سنایی انسانیست پایبند به اصول و هنجارهای اخلاقیُ حتا در بد ترین و پر مشقت بار ترین مراحل زندگی از آن بندها عدول نکرده است. اخلاق مداری چنان صفت نیکو و خدا پسندانه است که الله متعال غرض تجلیل از رسول اش (محمد

(ص)) با این معیار و ترازو آن بزرگوار را به معرفی می گیرد و آن جناب را صاحب خُلق اعظیم می شمارد.

فی مَقعدِ صِدقٍ عِندَ مَلیکٍ مُقتَدرٍ

ساکنانی که جمله چون روحند

مرهم سینه ها و دل مجروحند

****

همه را درس نقد ابجد عشق

همه را میل سوی مقصد عشق

****

همه را گشته سر غیبی کشف

جان و تن کرده در ملالش وقف

****

لوح روحانیان ز بر دارند

پایه از مه بلند تر دارند

****

سرورانند بی کلاه و کمر

خسروانند بی سپاه و حَشَر

****

زده در رشتهٔ حقایق چنگ

فارغ از نفع نوش و ضر شرنگ

****

همه مست می وصال قدیم

در روش یافته ثبات قدیم

****

لطف ایزد به مجلس توفیق

باده شان داده از خم تحقیق

****

چون تو دیدی عُلُوّ همّتشان

این همه کار و بار و عزتشان،

****

پس تو نیز از سر هوا برخیز

که هوا آتشیست باد انگیز

****

بیش ازین بر بروت خویش مخند

همچو مردان بیا میان بربند

****

خدمتش می کن از سر اخلاص

تا چو ایشان شوی تو خاص الخاص

در این ابیات بیشتر کوشش شده تا الگو برداری شود از مقربان الهی (فرشتگان، کارگذاران، انرژی های مثبت در خدمت رب العالیمن) و یا میشود منظور مقربین و انسانهای با ایمان باشد، طبق وعده الله متعال بهشت برین جاه و جایگاه شان می باشد و از اثر اعمال نیک در این دنیا به چنان نعمات و مقاماتی رفیع نایل می آیند که زبان از شرح اش قاصر است.

سنایی در اینجا با شیوه ای تمثیلی خواسته به خود ندا زند: "اگر میخواهی تو هم مقرب شوی، باید راه آن الگو ها راپیشه گیری". بدرستیکه راه آن مقربین «تسلیم شدن» تمام معنا به خالق یکتا و بی همتا است.

سنایی در مقام یک عارف، غرض «کشف و شهود» در جای جای از آثار خود بدین امر پرداخته و سیر عارفانه در قالب تخیل و رؤیا و تمثل را به نمایش گذاشته است. شما می توانید این دست اشعار را در کتاب « سیر العباد الی المعاد» ایشان ببینید. وی در آنجا از یک سفر روحی مبتنی بر مکاشفه و تجربه جهان روح که شالوده دینی فلسفی دارد، پرداخته است. سفر روحانیکه به شیوه ای تمثیلی در درون رؤیا و در یک فضای خوابناک گزارش شده است.[۱]

این نوع ژانر شعری شاهکار ادبی است که شاعر به منظور مکاشفات به آن متوسل می شود. سنائی منحیث استاد این سبک شعری، کوشیده است این ژانر را توأم با عرفان و مسایل درون دینی عجین ساخته و چنین رمز و رازی را گزارش دهد. به همین سبب اکثر شارحان سنایی در چنین مواردی به مشکل بر می خورند و نمی توانند توضیح یکدستی ارائه بدهند، زیرا این نوع گزارشات بیشتر رنگ و بوی تجربه شخصی عارف است تا تجربه عامه. بر همین مبنا نمی شود ادعا کرد ما گره از زلف یار گشوده ایم. اما چیزی که می شود انجام داد، برداشت و تأملات ما از سیاق این نوع اشعار می باشد و نگارنده هم چنین شیوه ای را به کار بسته است.

به هر صورت، سنایی رسیدن به چنین مقام شامخ را، از لطف حق و همچنان چنگ زدن به ریسمان حقیقت دانسته و موانع فراراه آنرا هوا و هوس و قیود دنیوی بر شمرده است. جائیکه می گوید؛ "پس تو نیز از سر هوا برخیز" مُبیین این مفهوم است تا پا از چنین بست و بند ها باز نکنی و یا چهره از گرد نزدایی، به چنین کمالی نخواهی رسید.

---

[۱] شوریده ای در غزنه، " تمثیل رؤیای تشرف " محمود فتوحی، ص ۲۹۰

سنایی کوشیده تا به شکل تمثیلی و تشویقی از فرشتگان، سالکان حقیقی و بنده گان خالص خداوند الگو برداری کند و قسماً آنرا توضیح دهند. اما از منظر حکمت و اخلاق، تقرب به درگاه ایزد منان را در اینجا به دو نکته منوط دانسته، یکی بریدن از «هوا و هوس» و دیگری، متصل شدن به «اخلاص» است. منظور از اخلاص به مفهوم اصلی کلمه یعنی «خالص شدن از همه ی انانیت ها و رهائی از همه ی بند ها» می باشد. این بحث عین ایمان و هموار شدن وجود تلقی می شود. جائیکه سنائی می گوید:

خدمتش می کن از سر اخلاص

تا چو ایشان شوی تو خاص الخاص

خاص بودن مقرب بودن است، اخلاص همان صمیمیت و بی ریایی هم است. در این خاص شدن باید گرد و غبارها روفته شود و یا همانند دانه عقیق، صیقل کردن را تا آنجا ادامه داد که به اصل همان دانه سنگی و خالص رسید. بدین سان انسان ها هم برای زدودن رذایل اخلاقی، بایستی صیقل به ایمان خویش زنند تا به آن دُر واقعی که همانا انسان والا مقام است برسند.

ببیند این عرفای ما در چند بیت کوتاه، چگونه انسان را با همه ی ابعادش تشریح و در پی تعالیش تلاش می کنند. در یک کلام سنایی در اینجا هم مشکل و هم راهکار را ارائه می دهد.

اَنمَا اَموالُکُم و اولادُکُم فِتنَه

چه کنی عیش با زن و فرزند

بُبُر از جمله دل بدو پیوند

****

چه نشینی میان قومی دون

چه بری سر ز بند شرع برون

****

ای ستم کرده بر تو شیطانت

مانده در ظلمت سقر جانت

****

تا ز شیطان خود شوی ایمن

شرع را شحنهٔ ولایت کن

****

گر شریعت شعار خودسازی

روز محشر کنی سرفرازی

****

هر که بد کرد زود کیفر برد

وآنگه بی شرع زیست کافر مُرَد

****

گرنه هرزه گوی و دیوانه

تاکی این ترهات و افسانه

****

شعر بگذار و گرد شرع درآی

که شریعت رساندت به خدای

****

پای بر منهج شریعت نه

بند بر قالب طبیعت نه

لقمه از سفرهٔ طریقت خور

می ز میخانهٔ حقیقت خور

****

یا خضر شو گذر به دریا کن

یا چو عیسی سفر به بالا کن

****

زانسوی چرخ تکیه جای طلب

برتر از عقل رهنمای طلب

در اینجا حکیم سنائی از موانع رسیدن به کمال پرده برداری می کند، یعنی برای رسیدن به الله (ج) را رهایی از گیر و بندهای دنیوی میشمارد و برای رسیدن به ساحل مقصود، کشتی شریعت را ترجیح می دهد.

سنائی عنوان مثنوی حاضر را از قرآن کریم، جائیکه الله (ج) ارشاد فرموده است "وَاعْلَمُوا أَنَّمَا أَمْوَالُكُمْ وَأَوْلَادُكُمْ فِتْنَةٌ وَأَنَّ اللَّهَ عِندَهُ أَجْرٌ عَظِيمٌ"[۱] اخذ کرده است. مقصد از ارائه تفسیر این آیات مبارکه نیست، او فقط خواسته این موضوع را تفهیم کند که با توسل به شریعت و احکام آن شما می توانید حتی در موضوعات اخلاقی و اجتماعی نیز راه را دریابید. هدف از یادآوری موضوع اینکه اموال و اولاد نباید چشم تان را طوری بگیرد که به سبب آن از یاد الله متعال غافل شوید. بدین ملحوظ حُب بی حد و حصر چنین پیوند عاطفی، گاهاً غفلت را بر انسان چنان چیره میسازد که آدمی وظیفه اصلی خویش را فراموش می کند.

اگر بدرستی به این نکته نگریسته شود، خواهم دید که در تمام ادوار تاریخ ما شاهد چنین مسائلی بوده ایم. تا آنجائیکه موازنه بین احساسات عاطفی، وظیفه در قبال نفقه

---

[۱] سوره الانفال آیه ۲۸ قرآن کریم

زن و فرزند (در معارف دینی ما عین عبادت هم تلقی می شود) و مسوولیت های دیگر ما بکلی به هم خورده و چنان غرق در محبت و آینده نگری اطفال مان میشویم (حتا در همین بُعد اجتماعی) از سایر پیوندهای مهمی چون وجود والدین، اقارب و دوستان نیز غافل مانده و همه را از دست می دهیم و این خود غفلت عظیمی است چه بُعد ایمانی و عبادی و چه در بُعد فامیلی و اجتماعی. به همین منظور عارفان ما هرازگاهی خطوط قرمز و خاکستری را جهت رهنمائی مان ترسیم می کنند و خاطرنشان می سازند تا مبادا از مسیر اصلی منحرف شویم.

در اینجا سنائی یک پارچه شریعت مدار و پایبند به اصول آن است و هر امر دیگری را جهت رسیدن به قرب الهی، بجز از طریق شریعت کمرنگ می شمارد. وی این دید مبتنی بر شرع را تا جائی تشجیع می دارد که خویشتن شاعر را نیز بدان دعوت می کند، تا بجائیکه تفوق شریعت را بر شعر بیان میدارد و راه رستگاری را بجز از شریعت نمی بیند:

شعر بگذار و گرد شرع درآی

که شریعت رساندت به خدای

ولی وی به سبب عارف بودن و همدلی تام با شریعت، از طریقت و حقیقت به مثابه دو بال پرواز غرض رسیدن به منزل معشوق نیز یاد کرده است. به تعبیری این حکیم بزرگ مان دستی در شریعت و دستی در طریقت داشته است:

لقمه از سفرهٔ طریقت خور

می ز میخانهٔ حقیقت خور

چه در آن دوره تاریخی بخصوص و چه در روزگار کنونی، اختلاف نظرها در مورد رسیدن آدمی به حق از مسیر شریعت و یا طریقت مطرح بوده و است. در این خصوص نظر فقیهان و عارفان در تقابل باهم قرار داشته و این نزاع ها گاهاً باعث مخدوش

شدن اذهان عامه نیز گردیده و کماکان این تضاد ادامه دارد. اما اگر به این قضیه به چشم بصیرت نگریسته شود، دیده خواهد شد این جویبار معنوی شریعت و طریقت، هردو در یک بحر بیکران دین می ریزد، حالا فقط مسیر آنها با هم متفاوت است. در کل گفته میتوانیم این دو لازم و ملزوم همدیگر و مکمل هم اند، نیاز به اثبات و رد دیگری نیست بلکه هدف رسیدن به مقصود است و هر کدام با ادواتی خاص این امکان را دارا می باشند. اگر در کنار هم و با هم به کار گرفته شوند، به یقیین می توان گفت ما را سودمندانه تر و هدفمندانه تر به مقصد می رساند.

با این وجود سنایی غزنوی هم در این مثنوی و هم در جاهای دیگر، در مورد قاصر بودن عقل اشاراتی مبسوطی داشته است. ایشان تنها عقل را برای شناخت الله متعال کافی نمی داند، جائیکه به این مورد اشاره میکند "برتر از عقل راهنما طلب" بر همین امر تأکید می ورزد. اما این برتری جویی به مفهوم نفی عقل نیست، طوریکه می دانید سنائی در مورد عقل باب های جداگانه ای دارد از جمله در مثنوی « حدیقه الحقیقه» جایگاه عقل را بس ارزنده خوانده است. جائیکه می گوید:

عقل هم گوهر است و هم کانست

هم رسولست و هم نگهبانست

در همین زمینه یک رابطه ظریفی را نیز ترسیم کرده است:

جوهری همچو عقل باید و بس

کز پی نفس کم زند چو نفس

****

وارث رسم شرع و دین باشد

از ازل تا ابد چنین باشد [1]

---

[1] حدیقه الحقیقه، سنایی غزنوی، به تصحیح مریم حسینی ص ۲۴۷

به همین منوال جدل دیگری در مورد «عقل» و «عشق» هم داریم و حکیم غزنه در کتاب حدیقه اش در باب پنجم آورده است:

صورت عشق و عقل گفتار است

معنی آنرا محکّ و معیارست

چون عشق یک امرِ بی واسطه است و عقل با واسطه و یا بهتر است بگوئیم عقل مصلحت گرا است و بیشتر مد نظر فلاسفه و دانشمندان می باشد، مانند کانت که او یک فیلسوف عقل گراست و همه بار را بر دوش عقل می نهد. برعکس آن عشق چیزی از جنس بی صورت است و عُرفا آنرا راهگشای مطلوب برای سلوک می دانند. در واقع اینجا کانترستی بین عقل و عشق و به تبع آن بین فلاسفه و عارفان دیده می شود.

چون در اینجا بحث ما بیشتر از منظرعارفان است تا فیلسوفان، بناً نظر شاعران عارف را جهت ایضاح موضوع در خصوص «عشق » و «عقل» می آوریم تا این مبحث بیشتر واضح شود.

شاه نعمت الله ولی در غزل ۷۴ خود ارجحیت عشق را بر عقل چنین بیان کرده:

عقل برو برو برو و عشق بیا بیا بیا

راحت جان ما توئی دور مشو ز پیش ما

نورالدین عبدالرحمن جامی در این مورد نظر مشابه و قرین به شاه نعمت الله ولی را دارد جایکه می گوید:

کنم از سوز عشق آن نکته رانی

که سوزد عقل، رفت نکته دانی [۱]

---

[۱] هفت اورنگ جامی، تدوین علی مصطفوی، ص ۲۴

یعنی با این عشق است نطق و نکته رانی میسر میشود ورنه پای عقل آنجا میسوزد و نکته دانی هم مستحیل میگردد.

بر همین نهج، عطار نیز در منطق الطیر در مورد عشق و عقل سخن های فرواون دارد. در یک قسمتی از مثنوی «وادی های هفت گانه سلوک»، مختصاً در وادی عشق چنین آورده است:

عشق اینجا آتش است و عقل دود

عشق آمد و در گریزد عقل زود

****

عقل در سودای عشق استاد نیست

عشق کار عقل مادر زاد نیست [1]

اما دو موضوع «زن» و «شیطان» در این مثنوی سنایی قابل تأمل و درنگ است. او بر خلاف عرف زمانه، همانند برخی از اندیشمندان و عارفان نه تنها شیطان را طرد نمی کند و از او با نفرت متعارف یاد نمی نماید، بلکه از وی منحیث محرک رقیب به جانب خیر به نحوی تجلیل می کند. از نظر او چنین موجودیتی باعث تحرک و جدل و ایستادگی در مقابل انرژی های منفی می گردد. به عبارت دیگری همان شَر باعث رشد خیر و صلاح می شود و این از موهبات الهی است، ورنه انسان هم مانند فرشته گان می بود و هیچ ابتلأ و امتحانی در کار نمی بود. پس وجود چنین پدیده ها در زندگی بشری باعث می گردد تا انسان پرواز فراتر از فرشته گان داشته باشد و این عین مشیت الهی، قوانین و نظامات هستی است.

ولی در مورد موضوع «زن» سنایی نیز همان تصوری را دارد که جامعه بسته آن زمان داشته است. بسیاری از تصوراتی که او از زن دارد با نظرات نیچه و شوپن هاور کاملا

---

[1] منطق الطیر، وادی های هفت گانه، وادی عشق، عطار نیشاپوری ص ۱۳۲

قابل مقایسه است و مطابقت دارد، شاید به همین دلیل و سایر دیدگاه های همگون، سنایی را با این دو فیلسوف (نیچه و شوپن هاور) مقایسه می کنند.

به هر صورت، این نوع نگرش به «زن» اساس تاریخی دراز آهنگی در آثار کلاسیک دارد. چون موضوع زن و حقوق آن در جامعه و در مجموع حقوق بشر از مفاهیم پسین و جدیدی است. خوشبختانه امروزه در این قسمت پیشرفت های زیادی صورت گرفته و گام های بلندی برداشته شده است. ولی متأسفانه هنوز هم به زن در اجتماع آن جایگاه داده نشده، چیزیکه مستحق آن هستند.

سنائی هم مانند اکثر دانشمندان و عالمان گذشته (از باوران به خدا گرفته تا خدا نا باوران)، متأثر از هنجارهای زمانه اش بوده و از این امر مستثنا نیست. بدین جهت میشود بیان داشت، موضوعات اخلاقی و اجتماعی، زاده یک فرهنگ و جتماع می باشد و از این حیث موضوعات این چنینی را باید در کانتکست زمان و مکان اش مورد بررسی قرار داد.

منهاجُ العارِفین فی مِعراج العاشقین

ای همه ساله پای بست غرور

در خرابات حرص مست غرور

****

راه دور است و مرکبت لنگ است

بار بسیار و عرصه فرسنگ است

****

بار حرص و حسد ز دوش بنه

هرچه داری بخور بپوش و بده

ره تو دور شد یقین بشنو

تو مجرد شو و مپای و برو

****

ترک این هستی مزور کن

دل به نور یقین منور کن

****

تا بدانی مسافت راهش

کم و بیش و دراز و کوتاهش

****

دو قدم بیش نیست اینهمه راه

راه نزدیک شد سخن کوتاه

****

یک قدم بر سر وجود نهی

وان دگر بر در ودود نهی

در این مثنوی حکیم غزنه به دو موضوع اساسی پرداخته است، یکی حرص و غرور یا همان «تکبر» و در مقابل دیگری شکر و سخاوت میباشد.

سنایی با ملتفت بودن از دین و شریعت، در جای جای اشعارش دقیقاً ابواب جهنم را به نحوی تلویحی تذکر داده و این ابواب در قرآن مجید به هفت باب یاد شده است. سنایی این مطلب را به هفت مانع تأویل نموده که از آن جمله دو تاش همین کبر و حرص است که در مثنوی حاضر به آن پرداخته است. «وَ إِنَّ جَهَنَّمَ لَمَوعِدُهُم أجمَعینَ ٭ لَها سَبعَةُ اَبوابٌ لِکُلِّ بابٌ مِنهُم جُزء مَقسُوم» "و همانا که دوزخ وعدگاه همه آنان (گمراهان) است؛ هفت در دارد و برای هر دری، گروه معینی از آنها تقسیم

شده اند".[۱] در اینجا منظور از هفت، عدد کثرت است، مقصود از باب دقیقاً همین بحث ما را تداعی می کند و هر باب، ابواب دیگری دارد که در قرآن به شکل مبسوطی تذکار رفته است.

بخاطر اینکه آدمی به سعادتی نایل آید، باید اول مانند طبیب به تشخیص و بعد به مداوا بپردازد. بدین معنا سنایی اول از قُبح حرص و غرور یاد کرده و آنرا به ما معرفی نموده و بعدش راه حل آن و مداوا از این مرض را متکی به دو اصل دیگر شمرده است، جایکه می گوید:

بار حرص و حسد ز دوش بنه

هر چه داری بخور بپوش و بده

اگر دقت شود، سخاوت در مقابل حسد طمع آمده، یعنی استفاده درست از چیزی که در نزدت می باشد.

پس بجای حرص و غرور و حسد، باید سخاوت و بخشش و شکر را جایگزین کرد تا به هدف خویش برسیم. گرچه این راه با دشواری هایی همراه است و آن دشواری ها را نیز شاعر برشمرده است. پس با نور یقین می شود از این دَیر گذشت. در کل شرط اول گذشتن از انانیت و هموار ساختن وجود می باشد و شرط لازمه دیگرش رفتن مخلصانه به سوی خدا میباشد. یعنی گذشتن از منیت ها و توجه به رب عالمیان و تنها از او طلب مساعدت کردن می باشد.

یک قدم بر سر وجود نهی

وان دگر بر در ودود نهی

تا مادامیکه پا بالای خواسته های نا مشروع مان نگذاریم، به کمال نخواهیم رسید. در این بیت شاعر دو گام غرض متعالی شدن منحیث راهکار ارائه نموده است. یگ گام

---

[۱] سوره الحجر آیات ۴۳-۴۴ قرآن مجید

قدم گذاشتن بر نفس آدمی است و دیگری رفتن به درگاه الله منان می باشد. یعنی کنترل بالانی نفس و استعانت طلبیدن از پروردگار میباشد تا به سفره پهناور باری تعالی نشست و عاقبت بخیر شد.

خِطَوتان وَ قَد وُصِلَ

خود تو کاهل نشینی ای غافل

ناپسند است غفلت از عاقل

****

خیز و خود را بساز تدبیری

بر جهان زن چهار تکبیری

****

در میان آی چُست چون مردان

صفت و صورتت یکی گردان

****

زآنکه باشد شعار تا پاکی

از درون خُبث وز برون پاکی

****

تا درون و برون نیارایی

حضرت قُدس را کجا شایی

****

تا ز آلودگی نگردی پاک

نگذری از بسیط عرصهٔ خاک

خویشتن پاک کن ز چرک هوا

تا نهی پای در مقام رضا

****

راست بشنو که در جهان جهان

از اجل کس نیافته است امان

****

تو چه گویی ابد نخواهی ماند

نامهٔ مرگ بر نخواهی خواند؟

در اینجا دعوت به یک حرکت جوهری است تا آن دوگانگی وجود برطرف شود، یعنی ظاهر و باطن را یکی باید کرد. بدین مفهوم صفت و صورتت یکی گردان و گرد و غبار از چهره برگیر، نه مانند دو چهره گان از درون یکی و بیرون دگری باشی طوری که غزنوی در همین شعر آورده است:

تا درون و برون نیارایی

حضرت قدس را کجا شایی

در واقع معنی «عبد خالص» هموار ساختن دل و ظاهر است. انسان دو رنگ، تا مادامی که در درون خود یکی نشده باشد نمی تواند یک رنگ و یکی شود. از این منظر، ظاهر و باطن دو جلوه شخصیتی انسان است و همآهنگی و یکرنگی آن آدمی را به اوج قلعه ها می رساند.

دقیقاً منظور حکیم غزنه هم همین بوده است. تا آن غبارها مکدر را از چهره نزدائی به کمالی دست نخواهی یافت یعنی صورت ها باید از گردها پاک شود و آنجاست که پای به جهان رضا و رضایت گذاشته میشود.

تا ز آلودگی نگردی پاک

نگذری از بسیط عرصهٔ خاک

مجدداً این انسان مرگ اندیش و عاقبت نگر، یادآور جهان فانی می شود و می خواهد به ما بفهماند تا توشه ی سفر درست کنیم. این آمادگی از درون یعنی باطن باید انجام شود. انقلاب درونی را باید به تجربه نشست، کما اینکه خودش بعد از آن تحول روحی که در مقدمه آورده شد، در کنج خلوتی با من خویش همنشین شد. سنایی در تجربه زیسته خود شبیه امام غزالی بوده است. نقل است غزالی با یک وسوسه درونی همه آن مقام و منصبِ را پشت پا زد و بیش از دو سال و اندی خلوت گزینی ظاهری پیشه کرد. اما در این تجربه ای معنوی شناخت از خویشتن را تا جایی رساند که بر یگرنگی چیره شد. به جز از سنایی و غزالی و اندک مردمان، کمتر کسی میتواند به آن مرحله برسد.[۱]

به دلیل چنین دغدغه هایست، سنایی غزنوی تلاش ورزید تا دونی دنیا را به رخ همگان بکشد و حقیقت زندگی را بر ملا سازد و مرگ فراموشان را تلنگر محکمی بزند که ای خفته گان، بیدار شوید، بانگ جرس کاروان زندگی به صدا در آمده است. در کنار این هشدار، وی به ما می فهماند تا در باره مرگ اندیشه کنیم و جز مرگ اندیشان باشیم. در این زمینه مولانا رومی نیز ما را فراخوانده است، جائیکه می گوید.

طوطی نُقل شکر بودیم ما

مرغ مرگ اندیش گشتیم از شما [۲]

یکی از واژگان و مفاهیم کلیدی در آثار مولانا (در مثنوی و دیوان کبیر) مفهوم مرگ است، برای اینکه این امر کوچکی نیست تا از کنار آن به آسانی گذشت. سنائی هم در

---

[۱] المنقذ من الضلال (اعترافات غزالی)، زین الدین کیائی نژاد ص ۲۲

[۲] مثنوی معنوی، دفتر سوم، بخش ۱۷۳مولانا جلال الدین بلخی

این مورد این مفهوم سترگ و همه گریز مرگ در مثنوی های حدیقه اش چنین آورده است:

جز دو رنگی نشد ز مرگ هلاک

مرد یک رنگ را ز مرگ چه باک

****

مرگ را در سرای پیچاپیچ

پیش تا سایه افگند به بسیج

****

تو به پیری ز مرگ نندیشی

ملک‌الموت را مگر خویشی

****

نکند سود و جز زیان ندهد

که ورا نیز اجل امان ندهد

****

سوی مرگ است خلق را آهنگ

دم زدن گام و روز و شب فرسنگ

****

جان پذیران چه بینوا چه به برگ

همه در کشتی‌اند و ساحل مرگ

****

پیش آن کس که قدر دین داند

سرگذشت امل اجل خواند[1]

به همین جهت سنائی نانگزیر و حتمی بودن مرگ را به رخ همه میکشد و می آورد اینکه ما در کشتی نشسته ایم و ساحل پیش رو ما مرگ است و چاره ای جز تسلیم نداریم. در واقع غفلت از مرگ (چه غفلت ارادی و چه غیر ارادی باشد) یا هم هراس از مرگ راه چاره نیست، بلکه با دانستن از این مفهوم سترگ و به پیشواز آن رفتن راه را هموارتر میسازد. به قول مارتین هایدگر، فیلسوف قرن بیستم، توجه خاصی به مرگ اندیشی داشت، او می گوید «مرگ آخرین مکان است، و مرگ اندیشی هستی را برانسان مکشوف می کند»[2] چنانچه مولا علی را در نهج البلاغه در انی مورد نظر است «هرکس از مرگ بگریزد، با مرگ رو به رو شود؛ زیرا اجل در کمین جان است و سرانجام گریزها بلاخره هماغوشی با آن است».[3] چون مرگ به مصداق آیه مبارکه «الذی خلق الموت و الحیاۀ»[4] از جمله مخلوقات خداوندی محسوب می شود، بناً همه روزی این تجربه فردی را خواهم دید و چشید.

پس دیده میشود این حکیم در مورد مفهوم و تعریف مرگ دیدگاه خاصی داشته و از آگاهی تا ناچاری و مقبولیت این پدیده سخن گفته و راهکارهای مناسبِ را جهت مواجهه شدن به آن به ما تذکر داده است. حالا این در جهان مدرن یا مدرنیته بر «سالک مدرن» است تا امروزه به مفهوم مرگ اندیشی از کدام منظر می نگرد. آیا از بُعد روانشناختی یا از منظر جامعه شناختی به آن می پردازد و یا اینکه از درِ مصلحت

---

[1] مثنوی حدیقه الحقیقه، سنایی غزنوی، باب هشتم در صفت مرگ

[2] فلسفه چیست؟ مارتین هایدگر، مترجم مجید مددی ص ۳۲

[3] نهج البلاغه، خطبه ۱۴۹

[4] سوره المُلک آیۀ ۲ قرآن مجید

اندیشی و محافظه کاری به آن وارد می شود. در مجموع طوریکه نظر انداخته شد، عارفان کلاسیک دیدگاه تقریبا قرین و مشابه را به مفهوم مرگ داشته اند.

امروزه نیز مرگ و مرگ اندیشی یکی از دغدغه های اساسی آدمیان را تشکل می دهد. تمدن ها، فرهنگ ها و ادیان مختلف به گونه های متفاوت به این پدیده می پردازند.

کُل نفَسٍ ذآئقهُ الموت ثُم اِلینا تُرجّعون

هر که آمد در این سرای غرور

همدمش محنت است و منزل گور

****

کو ز پیغمبران مسیح و کلیم

آدم و شیث و نوح و ابراهیم

****

یونس ولوط و یوسف و یعقوب

صالح و هود و یوشع و ایوب

****

یا کجا خواجهٔ سراچهٔ کُل

خاتم انبیا چراغ رُسُل

****

کو ابوبکر و عمّر و عثمان

کو علی شیر کردگار جهان

بُشرِحافی و بوسعید کجاست

شبلی و شیخ بایزید کجاست

****

از حکیمان عهد ارسطون کو

ارسطاطالس و فلاطون کو

****

ازشهان کیان جم و هوشنگ

یا فریدون بافر و فرهنگ

****

کو منوچهر و ایرج و نوزر

بهمن و کیقباد و اسکندر

****

یا ز گردنکشان بهمن کو

گیو و گودرز و طوس و یژن کو

****

آن همه صفدران قلب شکن

سام و دستان و نیرم و قارن

****

همگان خفته‌اند در دل خاک

آن یکی خرم آن دگر غمناک

مرگ اندیشی یکی از دغدغه های ذهنی سنائی محسوب می شود و بارها در ابیات این حکیم به چشم می خورد. در این مثنوی چیزی که بیشتر به دل چنگ می زند، آگاهی حکیم غزنه از دین، قرآن، تاریخ، فلسفه و سیاست است. وی چشیدن مزه مرگ

را برای همگان اتفاق حتمی می شمارد و از این منظر وی بیشتر به حکیم خیام می ماند. سنایی کوچیدن از این جهان را ناگزیرانه پنداشته و غرض منقح ساختن این ادعا متوسل با ذکر اسامی پیامبران (از آدم تا خاتم) و بعداً عرفا و حکیمان یونان تا سیاسیون و حاکمان چون کیقباد و سکندر و ...میشود و همه را خفته در خاک (همگان خفته اند در دل خاک) دیده و در این مثنوی گنجانیده است. بدین ترتیب ایشان خواسته با مثال های فوق، برای ما یادهانی کند اینکه همه این انسان ها در هر قالب و شخصیت که باشند، بلاخره ذائقه مرگ را خواهند چشید، برای مدعایش آیه کریمه «كُلُّ نَفْسٍ ذائِقَةُ الْمَوْتِ ثُمَّ إِلَيْنا تُرْجَعُونَ» را آورده است.[۱]

پس سنائی چون امام علی و غزالی و سایر عارفان و صوفیان، مرگ اندیش بود و بدان پرداخته است. جائیکه امام غزالی در کتاب کیمیای سعادت خویش متکی بر حدیث مبارک پیامبر گرامی اسلام (ص) (مرگ تحفه و هدیه مؤمن است)، پس اگر از آن غافل شویم خسران و حسرت عمیق بر ما مستولی می گردد. غزالی این موضوع را در قالب مثال صید و صیاد خیلی ظریفانه تمثیل کرده است. در ادامه می گوید تا شما در مورد «روح» ندانید، از مرگ هرگز چیزی نمی فهمید، یعنی مفهوم مرگ از خود پیش زمینه ای دارد، باید آن را دانست و به آن رسید.[۲]

اما سنائی در باره مرگ ظرافت و دید عارفانه ترِ دارد، جایگه میگوید:

پیشتر ز آنکه مرگ پیش آید

از چنین مرگ زندگی زاید

****

تا از این زندگی نمیری تو

در کف دیو خود اسیری تو

---

[۱]سوره عنکبوت آیه ۵۷ قرآن مجید

[۲]کتاب کیمیای سعادت- شناخت آخرت – فصل دوم حقیقت مرگ ص ۷۶

سنایی مرگ را لازمه زندگی می داند نه تمام آن، چون با مرگ زندگی زایده می شود. از این چشم انداز، زندگی کردن با سعادت از دل مرگ بیرون می آید. به قول نیچه "مرگ پایان زندگی است، ولی مرگ اندیشی آغاز آن"

نگاه «معرفت اندیش»[۱] این عارف فرزانه خیلی فیلسوفانه و دقیق است، تا جائیکه وی از پدیده وحشتناک و همه گریز چون مرگ، رخ زیبا و سعادت بخش زندگی مصور می سازد.

به جز از عارفان، دانشمندان و فیلسوفان «اعم از خدا نا باور تا خدا باور»، مرگ را تکمیل کننده ی غیر قابل انکار می دانند. مثلاً شوپنهار در جایی می گوید "بدون مرگ، فلسفه نا ممکن می بود".

به همین منوال انسانهایی که «تجربه نزدیک به مرگ» یا حالت (کُما) طولانی را تجربه نموده اند، مرگ را آنچان که در ظاهر چهره ترسناک و عبوس دارد، برعکس خیلی لطیف و مفرح خوانده اند.

یکی از آنها داکتر ایبان الکسندر، متخصص و جراح اعصاب است، وی شخصاً بعد از تجربه کمای طولانی یا به تعبیر دیگر تجربه نزدیک به مرگ را داشته است. داکتر متذکره بعد از صحت یاب شدن، این تجربه شخصی را در ضمن کتابِ نوشت و در این خصوص سیمینارهایی نیز برگزار نمود و حالاتی که به او دست داده بود، مفصلاً شرح داده است که همه حاکی از آشتی پذیری با مرگ است. او اظهار می دارد اینکه یگانه «حقیقت واقعی جهان» حادثه ای مرگ می باشد و این پدیده را که برای خودش پیش آمده بود، تنها حقیقت خیلی ملموس در جهان تجربی ما خوانده است و همه ی این جهان را در مقابل آن حقیقت تجربی، مانند خواب در مقابل بیداری مقایسه کرده

---

[۱] اخلاق خدایان، دکترعبدالکریم سروش، ص ۳

است.[1] بناً می شود فهمید که آغاز زندگی واقعی و همیشگی از همین معبر مرگ بوجود می آید.

موردیکه بر همگان روشن است اینکه موجودات این کره خاکی و از آن بیشتر همه ی جهان هستی فنا پذیر و محکوم به مرگ است. آدمیان بر عکس حیوانات به نحوی از این سرنوشت محتوم به اشکالی مختلفی آگاهی دارند، چون آدمی بر عکس سایر حیوانات اندیشه می کند و موجود اندیشه گرا است. بنابر این از زمانی که انسان تفکر و اندیشیدن را آغاز کرده، مرگ اندیشی هم با او همراه بوده است. اما تا جائیکه دیده می شود، نوع مواجهه به این پدیده همیشه متفاوت است، زیرا یکی می خواهد هرگز به مرگ نیاندیشد و بی اعتنا باقی بماند مانند اپیکور، او را یقین بر این است که "نباید به مرگ اندیشید، چون تا زنده ایم مرگی نیست و چون مرگ فرا رسد دیگر ما نیستیم". دسته ای دیگری به آن عملا اندیشه می کند ولی بخاطر جلوه گری های این دنیا و تعلقات عمیق به آن، نوع ترس و هراس را در دل دارند، بیشتر آدمیان در هیمن کته گوری قرار دارند. گروه سوم و اخیر مرگ را نه تنها اندیشه کرده و به آن واقف اند، بلکه آن را حقیقت انکار نا پذیر می دانند. از این جهت با درک این موضوع از آن نه تنها بسان پلی استفاده می کنند و می گذرند، بلکه با توجه به محدودیت زمان آن را قدر و موهبت الهی و غنیمت شمرده، با استفاده از همین فرصت دو روزه به جایی می رسند و دَمی خوشی می زنند و به این ترتیب دیگران را نیز به این امر ملتفت می سازند. این شیوه بیشتر در میان پیامبران علیه السلام، عرفا و بزرگان ما در طول تاریخ بوده و آنها در زمینه نیز آموزه های ارزشمندی دارند.

در سنت دینی خود ما می توانیم از ارشادات گهربار پیامبر گرامی مان گرفته تا یاران باوفایشان نمونتاً مولا علی که یک انسان فوق العاده خداترس و مرگ اندیش بود تا

---

[1] heaven is real or the map of heaven، دکتر ابین الکساندر، ص ۲۷

عرفای ما مانند امام غزالی و دیگران که همه یک پارچه خوف خدا در دلهایشان موج می زد و در مورد آگاهی از مرگ و دنیای فانی حرف و حدیثی بی شمار دارند، یاد کرد.

به همین سبب سنائی که خود یک عارف عالم است، از این امر مستثنی نیست. بناً مرگ اندیشی یکی از دغدغه های ذهنی سنائی ایشان محسوب می شد و بارها در ابیات این حکیم به چشم می خورد.

در شعر سنایی، مفهوم مرگ به معنی عبور از معبری تلقی می شود. بناً او مرگ را در چند مدلول به کار گرفته و هر یک مرتبط با نوع نگاه این عارف در بستر زمان و مکان زیسته اش است. یک نگاه او به مرگ همان تلقی عامه است، اینکه مرگ را پایان همه چیز می دانند. نگاه دوم تعریفی درون دینی از مرگ می باشد، در این دیدگاه هر نفّسی مزه مرگ را می چشد، اما مرگ پایان کار او نیست. ولی نگاه سوم و نهایی سنایی به مرگ، نگاهی اندیشمندانه و عارفانه است و از این منظر دنیا فانی را شایسته زندگی انسان نمی داند. به عقیده حکیم غزنه، زنده جاودان کسی است که با متعالی ساختن خویش در این دنیا، ازمعبر مرگ می گذرد. بناً همانطوریکه گفته شد، موضوع مرگ اندیشی در آثار سنائی جایگاه بسیار خاصی را دارد.

حکایت

ای شنیده فسانه بسیاری

قصهٔ کوزه گر شنو باری

****

کوزه گر سال و ماه در تک و پوی

تا کند خاک دیگران به سبوی

چون که خاکش نقاب روی کنند

دیگران خاک او سبوی کنند

****

تا جهان است کار او این است

نوش او نیش و مهر او کین است

****

اندر این خاکدان فسرده

هیچ کس را نبینی آسوده

****

آنچنان زی در او که وقت رحیل

بیش باشد به رفتنت تعجیل

****

رخت بیرون فکن ز دار غرور

چه نشینی میان قوم شرور

****

حسد و حرص را به گور مبر

دشمنان را به راه دور مبر

****

دو رفیقند هر دو ناخوش و زشت

باز دارندت این و آن زبهشت

****

پیشتر زآنکه مرگ پیش آید

از چنین مرگ زندگی زاید

تا از این زندگی نمیری تو

در کف دیو خود اسیری تو

****

نفس تو تا بدیش عادت و خوست

به حقیقت بدان که دیو تو اوست

****

مرده دل گشتی و پراکنده

کوش تا جمع باشی و زنده

ابتدای این مثنوی به شکل رباعیات خیام است و به حتم سنایی از ایشان در این خصوص متأثر بوده است، چراکه از صبوح و کوزه و کوزه گری و خاک در اشعارش چون او استفاده کرده است.

به هر صورت، سنایی در ابتدای این حکایت از دونی این جهان پرده برداری کرده و خواسته آنرا بر رخ ما بکشد، متعاقباً به اصل موضوع و تکمله دو مثنوی قبلی در باره حرص و مرگ که قبلاً تشریح شد به نحوی می پردازد و چنانچه بیان شد، حسد و حرص را از جمله موانع ورود به بهشت می شمارد. اما در باره مرگ، دید عارفانه بسیار ظریفی در اینجا دارد، جائیکه می گوید:

پیشتر زآنکه مرگ پیش آید

از چنین مرگ زندگی زاید

در واقع مرگ را همانطوری که قبلا نیز بیان شد لازمه زندگی می داند نه تمام زندگی، چون با مرگ است که زندگی زایده می شود و اصل زندگی نمودن با سعادت از دل مرگ بیرون می آید. اما شرط آن بیرون آمدن از چنگال دد ودیو است و این دیو همانا نفسِ اماره است.

تا از این زندگی نمیری تو

در کف دیو خود اسیری تو

****

نفس تو تا بدیش عادت و خوست

به حقیقت بدان که دیو تو اوست

از دیدعارفان، نگاه کردن به جهان و موضوعات پیرامونی، نگریستن به نشانه های صانع جهان است. به این مبنا شرط زنده بودن در این دنیا تنها نفس کشیدن نیست، بلکه باید دلِ زنده داشت و از پراکند گی آن که نشانه مرده گی دل است، جلوگیری کرده و به جمع و زنده دلی رجوع کرد. یعنی زنده بودن به معنی فعال و اکتیف بودن در عرصه های دینی و اخلاقی و به کارِ جهان آمدن است، نه منفعل و بی تحرک بودن در این دنیا. به همین سبب سنایی در آخر این حکایت چنین آورده است:

مرده دل گشتی و پراکنده

کوش تا جمع باشی و زنده

فصل صفت عشق

گر حیات ابد همی خواهی

خیز و با عشق جوی همراهی

رو دم از عشق زن که کار این است

رهروان را به این شعار این است

****

بر زبان سِّر عشق نتوان گفت

آنچنان در به گفت نتوان سفت

****

هر چه گویی که آنچنان باشد

صفت عشق غیر از آن باشد

****

عشق را عین و شین و قاف مدان

بلکه سریست در سه حرف نهان

****

سخن سر عشق کار دلست

عشق پیرایه و شعار دلست

****

عاشقی قصه و حکایت نیست

عشقبازی در این ولایت نیست

****

عالم عشق عالم دگر است

پایهٔ عشق از این بلندتراست

****

کی به هر مسکنی کند منزل

تا بود میل او به عالم گِل

عشق در هر وطن فرو ماند

حجرهٔ خاص عشق را ماند

****

مرکب عشق سخت تیز رو است

هر زمانیش منزل دگر است

****

هر که با عشق هم عنان باشد

منزلش ز آن سوی جهان باشد

****

دل که از بوی عشق بی رنگ است

نه دلست آن که پاره سنگ است

****

به زبان قال و قیل عشق مگوی

خیز و دل را به آب صدق بشوی

****

دل زخُبث هوا نمازی کن

چون شدی پاک، عشقبازی کن

****

عشقبازی وعشق بازی نیست

هوسی بِه زعشقبازی نیست

سنائی در این مثنوی سراپا عاشق است، به جز عشق سخنی بر زبان نمی آورد. او وصف عشق را بدرستی و زیبایی تمام بیان کرده و از تعریف و چگونگی عشق و جایگاه

و پایگاه آن پرده برمی دارد. او که عاشق واقعی و تمام عیار است، خیلی جانانه و شاعرانه تصویری از عشق ارائه می دارد که در خور تحسین و ستایش است:

هر چه گویی گر آنچنان باشد

صفت عشق غیر از آن باشد

در اینجا عشق را نه تنها یک صفت محض، بلکه آن را تجربه تلقی می کند. بر این اساس وی معتقد است اینکه هر باز تعریفی مقصود عشق را افاده کرده نمی تواند و جدای از آن می باشد. عشق در نزد سنائی آن چنان جایگاه دارد که در آن عقل را هم راهی نیست و به همین سبب نا صفتی عشق را اظهار داشته و پندارهای فردی را از آن مستثنی قرار می دهد. این عارف نیز مانند مولوی، برای درک بهتر باری، تعریف و صفت دنیایی آنرا به «عشق» بیان نموده و مذهب این دو بزرگوار (مولانا رومی و سنایی) به تعبیر خود شان «عشق» است. جائیکه مولانا رومی در دفتر دوم مثنوی می گوید:

ملت عشق از همه دینها جداست

عاشقانرا ملت و مذهب خداست[۱]

اینجا دیده می شود، عشق در نزد مولوی ورای کفر و ایمان متعارف که ما می شناسیم می نشیند. کما اینکه عطار نیز از مفهوم عشق درک و تلقی مشابه و قرین به مولانا را دارد او می گوید:

عشق را با کفر و با ایمان چه کار

عاشقانرا لحظه ای با جان چه کار [۲]

---

[۱] مثنوی معنوی، مولانا جلال الدین بلخی، دفتر دوم

[۲] منطق الطیر، وادی های هفت گانه، وادی عشق، عطار نیشاپوری

ولی سنائی غرض شناخت بهتر عشق و یا به تعبیری «سِرعشق» برای ما رمز و راز آن را باز کرده و آنرا «کار دل» و مربوط به آن می داند:

سخن سِر عشق کار دل است

عشق پیرایه و شعار دل است

سنایی عشق را قصه و حکایت نمی شمارد، بلکه آن را «عالم دگر» و بلند مرتبه تر از چیزی که تصور می شود می داند. به تعقیب همین بحث اضافه می کند اینکه لزوماً این «مرغ عشق» به هر دلی نمی نشیند، مخصوصاً تا دل در «عالم گِل» (گروه دنیا) باشد و با آب صدق شسته نشود، این مرغ تیز رفتار هرگز آنجا فرود نمی آید:

به زبان قال و قیل عشق مگوی

خیز و دل را به آب صدق بشوی

به همین ترتیب مولانا جامی نیز دل تُهی از عشق را دل نمی شمارد، او در هفت اورنگ خود در مبحث یوسف و زلیخا چنین آورده است:

دل فارغ ز درد عشق، دل نیست

تن بی درد دل جز آب و گل نیست

****

غم عشق از دل کس کم مبادا

دلِ بی عشق در عالم مبادا [1]

اگر نظر گذرا تطبیقی به این قضیه داشته باشیم، دیده می شود جامی و سنائی تن و دلی که «تُهی از عشق» باشد را به جان گِلی تشبیه می کند. در ادامه سنائی این نکته را نیز اضافه می کند، "دلی عاری از عشق را نباید دل، بلکه پاره سنگی شمرد". پس

---

[1] هفت اورنگ، مولانا جامی، باب یوسف و زلیخا، تدوین علی مصطفوی، ص ۱۲۷

وقتیکه دل از خبث هوا و هوس پاک گردید، در چنین فضایست زمینه عشق بازی میسر می شود و آنجاست شنا کردن در بحر عشق عاری از هوس، معنی و مفهوم پیدا می کند.

دل زخبث هوا نمازی کن

چون شدی پاک، عشق بازی کن

در مجموع سنائی غزنوی در اینجا انسان پاک باز و عاشق تمام قد است و در این راه از خود مداومت و ممارست نشان میدهد.

اولیآء الله لایمُوُتونَ ولکِن یَنُتقِلون مِن دارٍ الِی دارِ

هر که در راه عشق گردد مات

در جهان کمال یافت نجات

****

آنکه از سِّر عشق با خبر است

دایم از خورد و خواب بر حذر است

****

و آنکه او شربت محبت خورد

هرگز از نان و آب یاد نکرد

****

تا ز خورد و ز خواب کم نکنی

و ز طعام و شراب کم نکنی

****

نتوانی زدن ز عشق نفَسَ

بسته مانی در این سرای هوس

****

تا دلت چشم سیر نگشاید

شاهد عشق روی ننماید

****

بندهٔ عشق لایزالی باش

عاشق چست لاابالی باش

****

گر زنی دم ز صدق معنی زن

خاک در چشم لاف و دعوی زن

****

دعوی عاشقی کنی وانگه

ترس از جان و سر زهی ابله

****

چه زنی لاف عاشقی ز گزاف

بر سر دار زن چو مردان لاف

****

آنکه از عاشقان انا الحق زد

پس برآن ریسمان مُعلق زد

****

غیرت حق گرفت دامانش

ریسمان شده زه گریبانش

****

در ره عشق سوز و دردت کو

نفس گرم و آه سردت کو

****

عاشقی را که شور و شوق بود

دایم از درد عشق و ذوق بود

****

از سرکام نفس برخیزد

از هوا و هوس بپرهیزد

در اینجا عیناً صحبت از عشق است و عاشقی و در مقابل هوس است و هوای نفس. سنایی کمال و نجات آدمی را در عشق می بیند و ما را تشویق به نوع امساک خورد و خوراک می نماید تا با مراتب عالیه سلوک و حقیقت برسیم.

در ادامه می گوید تا دلت چشم سر نگشاید، به عشقِ نخواهی رسید. در اینجا صراحتاً منظورش از عشق الهی است و در این راه سوز و درد و آه را با شور و شوقِ تمام توصیه کرده است:

عاشقی را که شور و شوق بود

دایم از درد عشق و ذوق بود

عارف راه نجات و رسیدن به مقصود را به «عشق» می شمارد و همه ی خم و پیچ این راه را عارفانه به تصویر کشیده است. وی برای رسیدن به عشق الهی، بی خودی و قلندری را بر عاشقی صِرف، ترجیح می دهد.

بندهٔ عشق لایزالی باش

عاشق چیست لاابالی باش

اصطلاح «لاأبالی» درفرهنگ عرفانی ما بیشتر دیده می شود و در آثار کلاسیک، مخصوصاً عرفای خراسانی بیشتر به افراد بی پروا و بی باک به مسایل دنیوی و قلندران اطلاق می شد. اما شفیعی کدکنی در اقلیم روشنائی و در قسمت تعلیقات آورده اینکه "لاأبالی فعلی است عربی، در صیغه متکلم وحده یعنی من باکی ندارم. اما این تعبیر در فارسی به معنی یک کلمه وصفی به کار می رود، در مورد مفرد و جمع؛ مرد لاأبالی یا گروه لاأبالی، چنانچه در شعر سنایی دیده می شود. اصل آن گویا از حدیثی است که از زبان حق تعالی نقل شده است که گفته است: هؤلاءِ فی الجنَتهِ و لاأبالی و هؤّلاءِ فی النار وَ لاأبالی: این دسته را برای بهشت آفریدم و باکی ندارم و این دسته را از برای دوزخ و باکی ندارم (روضهٔ الفرقین ۵۰ و مرصاد العباد ۳۹۹)".[۱]

باری، منظور از اطاله کلام در مورد « لاأبالی » به خاطر این بود که شما در جای جای اشعار سنایی و چه در اشعار سایر عرفای شاعر به آن بر می خورید، خوب است این موضوع تا حدی واکاوی شده باشد، تا در تفسیر شعر به مشکلی بر نخوریم. گرچه به ندرت چنین توضیحاتی در نوشتار حاضر خواهد دید، زیرا همانگونه در مقدمه عرض شد، بنا نیست تا در نوشتار کنونی تعلیقاتِ را اضافه نمایم، چون در مورد همه ای مصطلحات عرفانی عزیزانِ زیادی زحمت کشیده اند، کما اینکه اکثراً در زمینه تخصص دارند و شارح و مفسر شعرند، ولی بنده در این امر چنین مستعد نمی باشم، با آن هم در این کتاب، تعلیقات مختصر و مؤجز را مبتنی بر متن این کتاب، غرض فهم بهتر مضمامین گنجانیده ام در صورت لزوم شما می توانید به آن و یا با سایر آثار فرهیخته گان و کتب فرهنگ نیز مراجعه فرمائید.

---

[۱] در اقلیم روشنائی، محمد رضا شفیعی کدکنی، قسمت تعلیقات غزل ص ۱۶۵

در کُل، بعد از این همه توضیحات، ما به انواع مختلف شعری در نزد سنایی بر می خوریم. ازجمله یک نوع آن همین شعر قلندرانه و صوفیانه می باشد و همانطوریکه تذکر رفت، سنایی را از بنیانگذاران این سبک و سیاق شعری (قلندرانه) نیز می دانند. بر همین مبنا وی با نوع نگاه قلندرانه به عشق، بر سر مِهر بوده است.

فصلٌ فی اثبات رؤیهٔ الله تعالی

چون تمنای روی دوست کنند

حالی آهنگ کوی دوست کند

****

مرکب جهد زیر ران دارد

رخ بدان فرُخ آستان دارد

****

سفر او نه زآب و گل باشد

رفتن او به پای دل باشد

****

در طلب چون رسد به مطلوبش

حاصل آید وصال محبوبش

****

چون سخن گویداز محبت دوست

از طرب بر تنش بدرد پوست

****

در میان زحمت بیان نبود

نکته را راه بر زبان نبود

****

سخنش کامل و شگرف بود

بی میانجی و صوت وحرف بود

****

جملهٔ عضوهاش دیده شود

تا نشانی ز دوست دیده شود

****

زآنکه این دیده دید نتواند

دیده از دیدنش فرو ماند

****

دیده را دیده دگر باید

تا بدان دیده دیدنش شاید

****

به چنین دیده ها که ما داریم

طاقت دیدنش کجا آریم

بخاطر دیدار و تمنای دوست، باید جد وجهد نمود. این آهنگ سفر از خود ادوات خاصی می طلبد و چنین سفرها با پای دل است. طلب یار چنان جذبه قوی دارد که با ذکر اسم معشوق بر زبان، پوست در تن می درد.

سنائی با تمثیلِ فوق و علم داشتن با مسایل مابعدالطبیعه، خیلی به نکته ظریفی اشاره کرده است. او وصل با یار (باری) را چنان به تصویر کشیده که نمی شود آنرا بر

زبان متعارف بیان نمود. با یک تمثیل و (تشرُف به رؤیا) از ملاقات با رب العزت چنین رمز گشایی میکند:

در میان زحمت بیان نبود

نکته را راه بر زبان نبود

وی از اینجا به بعد به لقاء الله می نگرد و جدا از دید هم عصرانش، افق های تازه را می گشاید، و حالات لقاء باری را چنان صورتگری می کند، حتی امروزه هم کسی از آن فراتر نگفته و نرفته است.

در ادامه مثنوی، سنایی بیشتر اوج می گیرد، زیرا در کنار صحبت از بی صورتی، از بی صوتی و حرف هم پرده برداری میکند، جائیکه آورده است:

سخنش کامل و شگرف بود

بی میانجی و صوت و حرف بود

یعنی آن سخن شگرف، برخلاف دارا بودن صوت و لحن متعارف ما آدمیان است. می شود گفت از این حیث مصداق همان آیه کریمه قرآن «لئیس کمثل شی»[1] از هر نوع آن است.

به این ترتیب، در ادامه از چگونگی «رؤیت» پرده برداری می نماید:

دیده را دیده دگر باید

تا بدان دیده دیدنش شاید

****

به چنین دیده ها که ما داریم

طاقت دیدنش کجا آریم

---

[1] سوره شوری، آیه ۱۱ قرآن مجید

به حق منظور عارف دیده دل است. در مجموع، این نظریه او در مقابل نظر عُرفی اشاعره قرار می گیرد و می شود گفت، سنائی از این منظر و در این بحث بخصوص در قطار معتزله شمرده می شود و این مباحث پر ارزش آخرت و معاد (چه جسمانی و چه روحانی) و غیره از ابن سینا تا غزالی و دیگران را در تقابل و موازات هم قرار داد و جدلی تاریخی و درون دینی شد، پرداخته است.

از این موضوع بر می آید که دید فلسفی حکیم غزنوی، تقریباً یک دید متافزیکال است با برداشت ها و ادراکات شان از نص قرآن و تأملات شخصی از موضوعات پیرامونی که همه در اشعارش ریزش کرده است. این ادعا وقتی صبغه حقیقی پیدا می کند که شما به کتاب « سیر العباد الی المعاد » مراجعه نمائید، انجاست به عین در می یابید که قوه ادراکات و تأملات معنوی و روحانی این حکیم تا چه حدی بوده است.

به همین سبب سنائی جهت رسیدن به حق و حقیقت، ذریعه هر ابزار علمی و تحقیقی سعی نموده تا به کُنه آن موضوع برسد. بنابراین ما بدرستی گفتیم که وی دستی در شریعت و طریقت، دستی در فلسفه و عرفان و به تبع آن، دستی در کلام و تمثیل داشته و از این طریق خواسته تا حجاب ها را کناری زند و به اصل مطلب برسد.

لا تدرکه الأَبصار وهو یدرُک الابصار طلب الهدایهٔ والتوفیقً عمل صالح

ای به خود راه خویش گم کرده

این بود راه مَرد پژمرده

****

ای همه لاف ترک دنیا کو

لاف و دعویت هست معنی کو

****

چند از این شیوه های رنگ آمیز

چند از این گفته های باد آنگیز

****

تاکی ای مست لاف هوشیاری

خر لنگی بری به رهواری

****

موسیت همره و تو چون خامان

رفته و گشته همدم هامان

****

از خلیل خدا ابا کرده

رفته نمرود را خدا کرده

****

کم آدم گرفته از تلبیس

دوستی کرده با که با ابلیس

****

تا هوا و هوس شعار تواند

امل و حرص یار غار تواند

****

زین حریفان به کس نپردازی

خود بخود یک نفس نپردازی

خویشتن زین همه مجرد کن

طلب دولت مؤبد کن

سنایی این مثنوی را با مذمت از زاهدان ریا کار آغاز کرده است. طوریکه بارها گفته شد، وی بیشترینه انتقاد را از زاهدان ریا کار و همچنان سلطان جبار و ظالم داشته است. یعنی نیش زبان تندش بیشتر زاهدان دروغگو و فریبگر را هدف قرار داده است. شما این امر را می توانید در بسیاری از ابیات این عارف حقیقت جو و نترس ببینید.

حکیم سنایی متعاقباً این شیوه های فریبنده ی خلق را سخت نگوهش کرده است:

چند از این شیوه های رنگ آمیز

چند از این گفته های باد انگیز

در دنباله، با وام گرفتن از قصص قرآن مجید، شیوه های تزویر و تغابُن این نوع انسان ها را برملا ساخته و در واقع تشت فریبنده چنین آدمیان را از بام بر زمین افکنده است تا چهره این هوسرانان زمانه اش را بر همگان بشناساند.

ابعاد اخلاقی این مثنوی و پرده برداشتن از ریا کاران به تناسب بیشتر از هر جایی دیگر است که سنایی به آن پرداخته است:

از خلیل خدا ابا کرده

رفته نمرود را خدا کرده

از این بیت چنین بر می آید که شاعر صوفی انتقاد اجتماعی روزگارِ زیسته خویش را به نحوی بیان کرده و چاکرانی که نمرودها را در جایگاه خدا نشانده و ستایشگری های متملقانه نموده اند، سخت مورد نکوهش قرار داده است. متأسفانه این نوع افراد ریا کار و متملق در همه ای ادوار تاریخ بشر وجود داشته، چنانچه بخش عمده ای بوجود آمدن چنین جباران، توسط این گونه چاپلوسان عرض وجود می کنند.

این سخنان حکیمانه عارف فرزانه، پندی است برای همه ی ازمنه ها و جوامع، تا باشد باب نقد سیاسی و اجتماعی همیشه مفتوح بماند و دیگر باز چنین فرعون ها و نمرود های شکل نگیرند.

امروزه نیز سالکان مدرن در زمان کنونی دغدغه های اجتماعی پر رنگی را دارند و با عنایت به این امر که پختگی اجتماعی یک جامعه در گرو نقدهای سازنده آن است. آنها بر نقد خویش تا حدودی می پردازند و چنین زمینه ای در عصر حاضر به کتله کثیر مخصوصاً در مغرب زمین میسر است. زیرا اگر توجه شود، این نوع آزادی بیان و اندیشه ها، دست آورد قرن بیست و یکمی بشمار می رود و بیشتر مردم با در اختیار داشتن تریبون ها و امکانات تکنولوژیک و رسانه های جمعی، به همه ی دغدغه های سیاسی، اجتماعی، جامعه شناختی و فرهنگی می توانند بپردازند و ممارست ورزند. حالا شما امروز را با زمان زیسته سنائی مقایسه کنید و ببینید که در آن دوره تاریخی تا چه حد میشد از نظام های حاکم و همچنان شخصیت های به ظاهر روحانی ولی ریاکار انتقاد کرد و خورده گرفت. پس تنها حربه موثر و مفید، همانا این نوع اشعار بود و در کنار آن همت بالای چون حکیم غزنه می طلبید تا بدان مبارزه بپردازد. الحق این عارف حکیم نیز چنین کرد و به یک منتقد اجتماعی مبدل شد.

فی صفتِه الکِبر

خوبروئی تو زشت خوی مباش

راست بشنو دروغ گوی مباش

****

بامن پیوسته تازه روی و لطیف

تا شوی در میان جمع حریف

****

چون ز نّخَوت کنی دماغ تُهی

پای بر تارک سپهر نهی

****

اگر از کبر برتری طلبی

سرفرازی و سروری طلبی

****

کبرت از چرخ بر زمین فکند

در دل مردم از تو کین فکند

****

کبر را عقل و شرع نستایند

عاقلان سوی کبر نگرایند

****

صورت کبر را سگی دانَش

که بدست آشکار و پنهانش

****

هرکه او را ز کبر اثر باشد

دان که از سگ پلید تر باشد

****

از تواضع بزرگوار شوی

وز تکبر ذلیل و خوارشوی

****

چون تو بی کبر و بی ریا باشی

خاص درگاه کبریا باشی

طوریکه میدانند، بخشی قابل توجه اشعار سنائی رااخلاقیات تشکیل می دهد، بدین مفهوم او در کنار سایر صفات نیک، همانند کانت استاد اخلاق نیز تلقی می شود. به همین دلیل اخلاق در سروده های سنائی همچون خون در رگ ها می باشد. بنابراین با چند سطرِ مختصر نمی توان دیدگاه این عارف بزرگ را به رشته تحریر درآورد.

به همین لحاظ از صاحب این قلم نوشته مبسوطی در دستور کار است و بزودی به دسترس خوانندگان گرامی قرار خواهد گرفت.

باری، عطف توجه به این مثنوی ارزشمند، عارف به یکی از مباحث کلان دینی – اخلاقی (کبر) پرداخته است.

در آغاز دو بیت اول، زشت خوئی و دروغگوئی را مذمت نموده است. چون فرد متکبر، زشت خویی و نخوت از سر و سیمایش می بارد و حکیم غزنه در مقابل فروتنی و اخلاق پسندیده را توصیه کرده است.

به تعقیب آن کبر را هم از بُعد عقلی و هم از منظر شرع شریف، مردود می شمارد. این امر تا جایی صادق میباشد که احساسات متکی به شرع و شریعت مداری، باعث می گردد تا سنایی کلمات ظاهراً رکیک را بر زبان بیاورد و به همین سبب از سوی منتقدان مورد ملامتی قرار گرفته است. ولی اگر این موضوع در کانتکست زمانش مورد بررسی قرار گیرد، دیده خواهد شد سایر دانشمندان، فلاسفه و حتا عارفان نیز غرض انتقال مطلب و تأثیر گذاری آن، از چنین واژه هایی تند استفاده می کردند. بطور مثال شما به دفتر پنجم مثنوی معنوی مولانا نظر بیاندازید، این چنین کلمات و حروف را در آنجا بیشتر خواهی یافت.

به هرصورت، اینجا منظور دفاع و توجیه از سخنان سنائی نیست، فقط جهت روشن شدن موضوع بیان گردید.

باری، این حکیم در مثنوی حاضر فرد متکبر را خوار و ذلیل می شمارد، برعکس در مقابل تواضع را جایگزین کبر و غرور کرده و یک بار دیگر یکی از عوامل بازدارنده ترقی و تعالی یک فرد را به نحوی خواسته بر شمرد و این همانا «تکبر و کبر» است.

از تواضع بزرگوار شوی

وز تکبر ذلیل و خوارشوی

وَإِن عَلَیَک اللُعنَهُ اِلی یومِ الدِین

تا توانی به گرد کبر مگرد

با عزازیل بین که کبر چه کرد

****

آب طاعت برآمد از جویش

نیل لعنت کشید بر رویش

****

بود آدم چو کرد یک عصیان

روز و شب ربنا ظلمنا خوان

****

چون بیفزود قدر وعزت او

داد ثم اجتباه و خلعت او

****

هرکه خود را فکند بر در او

در دو عالم عزیز شد بر او

****

خویشتن را شناس ای نادان

تا مشرف شوی چو عقل و چو جان

****

اندرین ره که راه مردان است

هر که خود رافکند مرد آن است

****

آنکه او نیست گشت هستش دان

وانکه خود دید بت پرستش دان

****

بی‌خبر زان جهان و مست یکیست

خویشتن بین و بت پرست یکیست

یک بار دیگر، سنایی مانند بحث قبلی از تکبر آدمی آغاز می کند، ولی با اشاره گذرا به قصه راندن شیطان بخاطر کبر و عدم طاعت از رب را مطرح کرده و در مقابل، عصیان اولی آدم (ع) را نیز به شکل مقایسه ایی به منظور روشن شدن قُبح اخلاقی کبر می آورد. ولی تفاوت اولی عدم اطاعت از امر رب توأم با تکبر بود (شیطان) و چه بازتاب بدی را در قبال داشت. ولی نوع عصیان دوم (آدم علیه السلام) که توام با استغفار و ندای ربنا ظلمنا و توبه پیگیر (بازگشت و پشیمان از عمل) بود، او را باز هم جایگاه و عزت رفیع بخشید، به مقایسه می گیرد.

هرکه خود را فکند بر در او

در دو عالم عزیز شد بر او

در اینجا فقط «کبر وعدم بازگشت» سرنوشتِ آن دو (آدم و شیطان) را رقم زد، یعنی این «کبر» چه عواقب را در پی دارد. در قسمت بعدی، حکیم غزنه خود شناسی را به

مثابه خدا شناسی می پندارد، اما یک تفاوت ظریف شاعرانه را مد نظر داشته و آن بحث «خود بینی» است که ریشه های خود خواهی و غفلت از یاد پروردگار را در خود دارد و شخص «خود بین» (توجه بیش از حد به خود که سرآغاز کبر و غرور است) را بت پرستی بیش نمی شمارد. مبتنی بر این تحلیل، بت خویشتن شدن هم کمتر از آن صنم سنگی نیست و این همان «خود بزرگ بینی» آدمی می باشد، مانع تعالی اش می گردد.

بی خبر زان جهان و مست یکیست

خویشتن بین و بت پرست یکیست

سنایی غزنوی در بیت فوق تفکیک «خودشناسی» و «خود بینی» را خیلی شاعرانه و عارفانه بیان نموده است. چون «خود شناسی» آدمی را به «خدا شناسی» می رساند و از جمله آثار خداوند در انفس خوانده می شود. ولی «خود بینی» انسان ها را به « خود بزرگ بینی» می رساند و در واقعیت امر، خود بینی ریشه های کبر و غرور را در خود می پروراند و تنقیح می بخشد. اینجاست پرده غفلت از عدم توجه به اطرافیان و دوستان به چشم آدمی انداخته شده، از همه مهم تر باعث غافل شدن از رب عالمیان می شود.

خویشتن را شناس ای نادان

تا مشرف شوی چو عقل و چو جان

بزرگترین دست آورد یک انسان در طول دوران زیسته اش شاید «خود شناسی» به مفهوم واقعی کلمه باشد. مؤید این گفتار، همان مقوله معروف است « تا مادامی که خود را نشانسی، چگونه خدا را خواهی شناخت».

فصل فی مذمت الرائی و المرئی

صفت آنکه داردش حق دوست

هرکه جز حق بود همه بت اوست

****

وانکه زآنجا که شرط بندگیست

بهترین طاعتی فکندگیست

****

تا تو خود را نیفکنی ز اول

نکنندت قبول هیچ عمل

****

تات باشد به کنج زاویه جا

برگرفتی به قعر هاویه را

****

نیست شو در رهش که راه این است

در بُن چاه شو که چاه این است

****

از پی آنکه زاهدت خوانند

صوفی چست و عابدت خوانند

****

ظاهر آراستی به حُسن عمل

باطن انباشتی به زرق دغل

****

نه غلط کرده خطات و افتاد

این خطا بین که از کجات افتاد

****

رهروان را روش چنین نبود

در طریقت طریق این نبود

****

نشود گر کند براه گذر

قدم راهرو به دریا تر

****

ور بگیرد همه جهان آتش

دامنش را نسوزد آن آتش

****

نقد دل قلب شد در این بازار

کودلی در جهان تمام عیار؟

****

دل که او ضرب دارعشق ندید

روی اخلاص و نقش صدق ندید

****

ای زنقد وجود خویش به شک

خیز و بنمای خویش را به محک

****

تا بِه بینی توکم عیاری خویش

ریختن شور و زشت کاری خویش

به زبان خیره لاف چند زنی

لاف نیز از گزاف چند زنی

****

چند گویی که من چنین کردم

اول شب به روز آوردم

****

طاعت روزم اینچنین بودست

تیرشب سوزم اینچنین بودست

****

در نماز و نیاز خاشع باش

در قیام و قعود خاضع باش

این حکیم فرزانه از توصیف و تعریف دوستداران خداوند، مثنوی اش را سمت و سوی ارزشی داده و از افکندگی و تواضع تا محو شدن (فنا) به عشق باری می رسد.

زانکه آنجا که شرط بندگیست

بهترین طاعتی فکندگیست

بعداً به نحوی برائت و بیزاری از صوفیان وعابدان ریا کار می نماید. بدین معنی وی می خواهد محو شدن و افکندگی خالص عاشقانه را در عوض زهد ریا کارانه ترجیح دهد و طریقت طریق را با توجه به تجربیاتِ اگزیستیانسلی خویش به معرفی بگیرد. برای گرویدن به این طریق صحیح، دو راهکار «عشق» و «صدق» را مطمئن ترین راه جهت رسیدن به آن وادی خوانده است.

به همین ترتیب بخاطر فهم و تفکیکِ عاشق خالص و حقیقی از زاهد ریا کار، راهکار عملی محک زدن خویشتن را پیشنهاد می کند:

ای ز نقد وجود خویش به شک

خیز و بنمای خویش را به محک

حکیم عارف مجدداً از زاهدان و عابدان قشری به تندی انتقاد کرده و به آنها گوشزد میکند تا ریا کاری را رها سازند. در بیت اخیر آنها را به خضو و خشوع در قیام و قعود و رکوع و سجود که از نشانه های عابدان صادق محسوب می شود، مجدانه دعوت نموده است.

از مثنوی بالا چنین بر می آید که در زمانه زیسته سنایی، تظاهر به عبادت زیاد شایع بوده و رضای باری هیچ گاهی مورد نظر نبود، بلکه رسیدن به امیال و منافع شخصی در سر لوحه کار و بار این ریا کاران قرار داشته اشت. به همین سبب در جایی از شعر سنایی به چنین موضوعاتی برمی خوریم و حقا این یک معضله اجتماعی آن روزگار بشمار می آمد. چیزی که متأسفانه امروزه نیز در اکثر جوامع ساری و جاری است و از این رهگذر چه فتاوی و تکفیرهای که از دست این ریاکاران و دکان داران به نام دین، نفع خود و صنف خویش می جویند که نمی بینیم. بسیاری از ریشه های مشکلات و اندیشه های بنیادگرایانه منطقه ما، ناشی از چنین دیدگاه های نا بخردانه و تکفیر کردن های عامدانه و جاهلانه است که در لباس روحانیت مظالم بی شماری را بر مسلمین و سایر انسانها روا می دارند.

سنائی با این نوع حرکات خود خواسته تا پرده از چهره های منحوس این دلالان بردارد و آرزوی ثبات و عدالت بر جوامع را همیشه در سر داشته و به همین خاطر او را بیشتر نقاد اجتماعی و حتا دینی می دانند.

الذیَنَ یَذکرون الله قیاماً وقعُوداً وعَلی جُنوبِهِم

باش پیوسته با خضوع و بکا

روز و شب در میان خوف و رجا

****

باش بر قهر نفس خود قاهر

دار یک رنگ باطن و ظاهر

****

از برای قبول خاصه و عام

بر پا باشدت قعود و قیام

****

بی ریا در ره طلب نه پای

خالصا مخلصاً برای خدای

****

چابک وچست رو نه کاهل و سست

تا بدانجا رسی که مقصد توست

****

رو به کونین سر فرود میار

تا بر آن آستانه باشی بار

****

چون لگد بر سر دو کون زنی

رخت خود در جهان هو فکنی

****

گر تو اینجا به خویش مشغولی

دان که زان کارگاه معزولی

****

ور بگردد از این نسق صفتت

حاصل آید کمال معرفتت

****

هر کمالی که آن سری نبود

جز که نقصان و سرسری نبود

****

گر کمالی طلب کنی ز اینجا

که ز نقصان بری بود فردا

****

راست بشنو اگر به تنگی حال

بی نیازی ز خلق اینت کمال

سنائی مانند بحث قبلی و به تعقیب موارد شعر بالایی، اینجا عبادت خالص را تشویق می نماید و خوف و رجا را دو روی یک سکه پنداشته و یک رنگی «ظاهر و باطن» را به نحوی اظهار می دارد. او در مقابل ریاکاری، نسخه علاج می پیچد و خالص شدن در راه دوست را تجویز می کند تا به بلندای معنویت برسیم.

باری، بخاطر رسیدن به این قلعه معنوی، میبایست از «خویشتن» بیرون شد و«خود مشغولی» را کناری گذاشت تا به جایگاهی رسید. این همه فقط از عهده انسان های با عزم راسخ بر می آید.

گر تو اینجا به خویش مشغولی

دان که زان کارگاه معزولی

سنایی یک بار دیگر بی نیازی از خلق را نیل به رسیدن کمال می داند. چرا تا مادامی که نیازمندی یک انسان به انسان دیگر است «البته اینجا منظور از نیازمند های غیر متعارف اجتماعی مورد نظر است»، خطر سوء استفاده هم ممکن می باشد. در چنین حالتی ظالم و مظلوم، دارا و نوکر و همچنان زیر دست و بالا دست شکل می گیرد، آنجاست چنین تفاوتها، تمنا از فرصت پیش آمده را بیشتر میسازد و دیگران را در حاشیه قرار داده تا بیشترین منافع را بدست آورند. متأسفانه در طول تاریخ چنین مظالمی دیده شده و عدالت هم مراعات نشده است.

راست بشنو اگر به تنگی حال

بی نیازی ز خلق اینت کمال

شَرف المؤمِن اِستِغنآؤه عَن اِلناس

جهد آن کن که سر فراز شوی

وز در خلق بی نیاز شوی

****

بر در این و آن به هرزه مپوی

وز در خلق آبروی مجوی

****

عزت از حضرت خدای طلب

منصب و جاه آن سرای طلب

همانطوری که در بالا ذکر شد در بیت اخیر سنائی بی نیازی از خلق را تشویق و ترغیب می نماید. در این مثنوی استغنا از مردمان را توصیه می کند. عارف را نظر بر این است تا عزت را از خدا طلب نمود و باید منصب را در آن دنیا خواست. اگر دقت شود، این نوع نگاه خیلی سنتی و شریعت مدارانه بوده و متأثر از تجربه زیسته در محیط زندگی سنایی ناشی می شود. چون قبلاً نیز تذکر رفت، وابستگی های فردی توأم با استثمار زیر دستان به یکی از معضلات کلان آن جامعه مبدل شده بود.

چون این دغدغه ها و انتقاد از حالات و اوضاع، بیداری آن حکیم را نشان می دهد، به همین جهت ایشان باب های مختلفی در این زمینه داشته و با توجه به تجربیات و اندیشه هایش به آن پرداخته و خواسته به نحوی چنین هنجار شکنی ها را داشته باشد و جامعه را به سمت و سوی بهتر هدایت کند.

طوریکه دیده می شود، همیش «اخلاق والامنش انسانی» مد نظر این شاعر شهیر بوده و آرزو داشته تا جایگاه واقعی انسان را برایش توضیح دهد، نه اینکه بخاطر دنیا آبروی ریزد و خوار زیست کند.

این حکیم همچنان چهره متفاوت طلب را توصیه کرده و می گوید، اگر طلب هم مینمایی، پس بهتر است طلب آن سرای داشته باش تا عزیز حضرت حق شوی و جایگاه مطلوبی را در قطار صالحان داشته باشی. این سخن را در بیت ذیل، خیلی زیبا بیان کرده است:

عزت از حضرت خدای طلب

منصب و جاه آن سرای طلب

در واقع همان بحث "ادعونی استجِب لکُم" اینجا صدق میکند. چون در عطا خداوندی عزت است و به قول اقبال لاهوری، بخشش الله متعال «از سر بخشندگی بی حد و حصر او تعالی می باشد».[1] بنابر این، از اصل منبع طلب کردن راه درستی میباشد.

فصل فی ترکِ الدُنیا والاَعراض عنهُ

ای سنایی ز جسم و جان بگسل

هر چه آن غیر اوست زان بگسل

****

صنعت شعر و شاعری بگذار

دست از گفت و گوی هرزه بدار

****

بیش از این بر درِ محال مپوی

صفت زلف و خط و خال مگوی

****

خط بر این علم و این صناعت کش

پای در دامن قناعت کش

****

ازپی هر خسیس مدح مگوی

وز درِ هر بخیل صله مجوی

****

[1] باز سازی فکر دینی در اسلام، از اقبال لاهوری، ص ۴۵

دست در رشتهٔ حقایق زن

پای بر صحبت خلایق زن

****

گوهر عشق زیور جان کن

قصد آب حیات ایمان کن

****

شورش عشق در جهان افکن

فرش عزت بر آسمان افکن

****

چست و چابک میان خلق درآی

همچو پروانه گرد شمع برآی

****

صحبت عاشقان صادق جوی

همره و همدم موافق جوی

****

چند گردی به گرد کعبه گل

یک یقین کن طواف کعبه دل

از مثنوی های در خور تأمل سنائی یکی همین خواهد بود. در این شعر سنائی عارف را نسبت به سنائی شاعر بیشتر می شود دید. جالب این است که مولوی و عطار هم جای که بحث عشق به میان می آید، بیزاری از شعر و شاعری را مطرح می کنند، کما اینکه مولانا جامی هم مانند این عارفان بزرگ در پارادکس بین شاعر و عارف بودن درگیر بوده، حتا تا جائیکه وی نیز جایگاه شعر را در مقابل حرف دل عرفانی اندک می

انگارد. ولی جامی نیز بسان سلف خود از شعر و شاعری هیچ گریز و گزیرِ ندارد، به همین دلیل آوازه ی شاعری این شاعر در همه اقصا نقاط پیچید.[1]

اما از نظر منتقدان این بزرگواران (سنایی، مولانا رومی و جامی) این نوع نگاه پارادوکسیکالی، نوعِ شگرد این عارفان است و به این طریق می خواهند آن سوال همیشگی مفتوح باشد که آیا اینها بیشتر شاعرند یا عارف؟ و این سوال موضوع را غامض تر می سازد. اما از فحوای ابیات بعدی و نوع بیان بر می آید، این حکیم (سنایی) واقعاً بخاطر رضا ربش، یکپارچه دیدن و گسستن از همه ی بند و بست ها را از دل و جان توصیه می کند.

ای سنایی ز جسم و جان بگسل

هر چه آن غیر اوست زان بگسل

هرچیزی که مانع و باعث غافل شدن از رب گردد باید دَور زد، حالا حتا این می شود شعر و شاعری باشد و یا هر گیر و دار غفلت افزای دیگر باشد. زیرا به قول مورخان، سنائی ابتدا شاعر مداح بود و بعد از تحول روحی از همه چیز برید و در واقع عشق واقعی را تجربه کرد. شاید این ابیات متکی بر تجربیات خودش باشد که دیگران را چنین موعظه می کند. وی گذشتن از چیزهای را که بیشتر دوست داریم تأکید می ورزد. در واقعیت امر این نوع نگاه سخاوتمندانه، حاکی از حاکمیت آدمی، بالای نفس اماره شمرده می شود.

به همین ترتیب، سنایی شعر و شاعری را هرزه می داند و به دنبالش اضافه می کند که از مدح هر خسیس و ناکس باید گذشت و از اصطلاحات مجازی خط و خیال بنحوی بیشتر در شعر مداحان جلوه گری دارد، بایستی بُرید و به جای آن قناعت و عشق واقعی را جستجو و پیشه کرد.

---

[1] رساله منشأت، نورالدین عبدالرحمن جامی، مصحح عبدالعلی نور احراری ص۲۵

شورش عشق در جهان افکن

فرش عزت بر آسمان افکن

و در عِوض ظاهر پرستی ها و دید قشری به مسایل، باید جایگاه دل را برجسته ساخت. بدرستی هم طواف کعبه دل، مطمع نظر اصلی عارفان است.

در مجموع دغدغه اساسی سالکان حرکت جوهری از قشر به مغز دین بوده و همگان را بدان راه تشویق و ترغیب می کنند تا دید عمیق و بنیادین را در نظر داشته باشند و به ظواهر باقی نمانند.

چند گردی به گرد کعبهٔ گل

یک یقین کن طواف کعبهٔ دل

فصل فی ذکر القلب والتخلص فی العقل

اندرین راه پادشاه دل است

در ره صدره بارگاه دل است

****

کالبد هیچ نیست عین دل است

ساکن بین اصبَعین دل است

****

قابل نقش کفر و دین است او

تختهٔ حرف مهر و کین است او

****

قصه جام و جم بسی شنوی
واندر آن بیش و کم بسی شنوی

****

به یقین دان که جام جم دل توست
مستقر نشاط و غم دل توست

****

گر تمنا کنی جهان دیدن
جمله اشیا در آن توان دیدن

****

چشم سر نقش آب و گل بیند
آنچه سِر است چشم دل بیند

****

تا زدل زنگ حرص نزدایی
دیدهٔ سر تو باز نگشایی

****

دیدهٔ دل نخست بینا کن
پس تماشای جمله اشیا کن

****

چون نشد دیدهٔ دلت بینا
اندرین هفت گنبد مینا

****

توچه دانی برون ز خرگه چیست
فاعل هفت چرخ اخضر کیست

هر چه دارد وجود دان امکان

علوی و سفلی و زمان و مکان

****

هر چه بیرون درون خرگاهست

صانع و نقش بندش الله است

****

در ازل گر به نفس هست انشا

جوهر و جسم و صورت و معنا

یکی از شگردهای تخنیکی شعری سنائی در بعضی جاها، جمع بندی استقرائی موضوع می باشد. بنابر همین شیوه، بسط و فصل همان بحث اولی را در مثنوی تعقیبی آن توضیح می دهد، تا حق مطلب ادا شود.

به هر صورت، طوریکه بخاطر دارید موضوع «دل و کعبه دل» آخرین ابیات مثنوی قبلی (فصل فی ترکِ الدُنیا والاَعراض عنهُ) بود. اینجا شاعر با یک ظرافت خاص، تلویحاً جایگاه و برتری دل را نسبت به عقل بیان می کند، چرا که خواستگاه مِهر و کین و کفر و مسلمانی همه در دل (قلب) می باشد.

گرچه درعلم مدرن، امروزه مغز و اعصاب مبنای خاصی پیدا کرده است. ولی جایگاه مهم قلب کماکان محفوظ مانده، مخصوصا در مواردی چون محسوسات و زیبایی شناسی و سایر مباحثِ از این دست همه از مقولات امروزین به شمار می آید. با این همه، تا چند سده قبل، چه دانشمندان علوم تجربی و اجتماعی و چه فلاسفه «اعم از مسلمان و غیر مسلمان»، مرکز ثقل همه چیز را در نزد یک انسان، دل (قلب) می دانستند و در روزگار کنونی این جدل (تفوق قلب و مغز به همدیگر) به اشکالی دیگری ادامه دارد.

سنائی با عنایت به علم آن روزگار، نقش دل را از بُعد یک عارف مسلمان بیان داشته و به چه زیبایی به آن پرداخته است:

به یقین دان که جام جم دل توست

مستقر نشاط و غم دل توست

در ادامه اضافه می کند اینکه، شما می توانید با چشم دل همه ی اشیاء را به نظاره بنشینید، اما دیدن جهان واقعی مشروط و منوط بر زدودن دل از خُبث «حرص» است. مادامیکه زنگار دل زدوده شد، آنگاه است تماشای جهان واقعی میسر می شود و دل حیثیت آئینه ای جادویی را می گیرد که در آن می شود همه ی جهان هستی را تماشا کرد:

گر تمنا کنی جهان دیدن

جمله اشیا در آن توان دیدن

مبتنی بر این اصل، اگر دلت بینا نشد، چگونه میدانی بیرون این منظومه چیست و یا چگونه فعل و انفعالات و حکمت خداوند را می شود تماشا نمود. پس این کعبه دل است چنین سیر و سلوک را میسر می سازد:

توچه دانی برون ز خرگه چیست

فاعل‌هفت چرخ اخضر کیست

****

دیدهٔ دل نخست بینا کن

پس تماشای جمله اشیا کن

بحث زمان و مکان، جوهر و جسم، صورت و معنا و سایر مسایل متافزیکی در آن زمان بود و فلاسفه جدیداً به آن پرداخته بودند و از مباحث داغ به حساب می آمد. حکیم سنایی با درک عمیق از موارد یاد شده از منظر عرفانی به این قضیه نگریسته است.

إنَمَا اَمرُهُ اِذا أرَادَ شیئاً أن ّیَقُولَ لَهُ کُن فَیَکُون

کاف و نون چون به یکدگر پیوست

شد پدید آنچه بود و باشد و هست

****

هر چه موجود شد ز امرش دان

پیشتر عقل آید آنگه جان

****

اثر فیض اوست نا محصور

عقل از آن فیض گشت قابل نور

****

عقل اگر چند شاه و سلطان است

بر در امر بنده فرمان است

****

از پی بود زید و هستی عمرو

فیض حق را بواسط آمد امر

****

تختهٔ کلک نقش امرست او

دایهٔ نفس زید و عمرو است او

****

مبدع کائنات جوهر اوست

مرجع روح پاک کشور اوست

قادر مطلق ایزد متعال

ذات او را حیات داد و کمال

****

والی کشور وجود است او

سایهٔ رحمت ودود است او

****

ساکن بزم او به صف نعال

نفس کل از برای کسب کمال

****

هست پیوسته میل آن طرفش

زانچه آنجاست مقصد و شرفش

****

عقل شاهست و نفس حاجب اوست

در ممالک دبیر و نایب اوست

****

قوت از فیض عقل گیرد نفس

زان نفس مایه می پذیرد نفس

****

قابل است و زبان ندارد او

نقش بی کلک می نگارد او

****

هر چه بر لوح ممکنات نگاشت

خط او نور بُد سواد نداشت

خط بدینجاست کو سیه روی است

کوهمه رنگ زاج و مازوی است

****

معنی لفظهای نغز و شگرف

نور محض است در سیاهی حرف

****

در کمالیست از بها و جمال

عقل کل را کند به استقبال

****

از برای صلاح دنیا را

پرورش او دهد هیولا را

****

در جهان از پی تمامی را

مایه بخشید روح نامی را

****

مدد از بذل اوست عالم را

نشو او داد خاص آدم را

****

نور نُه چرخ و سیر هفت اختر

شش جهت پنج حس و چار گهر

****

مایهٔ هر چه هست از خرد است

که خرد مایه بخش نیک و بد است

چون برو کرد نور حق اشراق

بذل کرد از مکارم اخلاق

****

او ز مبدع همی پذیرد ساز

پس به ابداع می رساند باز

****

مبدع کن فکان که قیوم است

ذات او را نظیر معدوم است

****

نظم هستی بدین نسق داده است

هستی از کاف و نون چنین زاده است

****

گر بهشت است ور جحیم ازوست

گر سموم است ور نسیم ازوست

چون موضوع یونورس و جهان پیرامونی و نقش عقل و چشم دل بود، حکیم سنایی این بار با همان روش شاعرانه موضوع را دنبال کرده و با درایت کامل و مُشرِف بودن به موضوعات فلسفی، نجوم و کلامی روز، دیدگاه خویش را از چگونگی موجودات داشته است.

با وام گرفتن از قسمتی آیهِ متبرکه سوره یس (کُنَ فَیَکُون)، از چگونگی بوجود آمدن جهان هستی قلم زده وهمه را ناشی از امر حق تعالی تلقی می کند.

با اشاره گذرا از موضوع کلامی چو عقل و عقل کل که از موضوعات فلسفه مشائی دانسته می شد تا از هفت اخگر و پنج حس و شش جهت (مصطلحات علم نجومی آن

زمان) پرداخته است، بعداً سلسله مراتب هستی و جهان ما را توضیح داده، متعاقباً جایگاه عقل و نفس را مشخص می سازد. اینجا دیده می شود سنائی نه تنها با آثار فلاسفه اسلامی چون ابوعلی سینا و فارابی آشنائی کامل داشته بلکه با آثار فیلسوفان یونانی چون ارسطو نیز واقف بوده و به حتم جستار «در مورد نفس» ارسطو را مطالعه کرده باشد، چون مواد اساسی مبحث آن فیلسوف، عملا در این مثنوی موج می زند. کسانی که آن آثار را مطالعه کرده باشند، تفسیر این مثنوی برایشان خیلی واضح و سهل است.

به هر صورت سنائی مجدداً به این مناقشه عقل و نفس اشاره دارد و می گوید:

عقل شاهست و نفس حاجب اوست

در ممالک دبیر و نایب اوست

و یا در بیت پائین سلطنت عقل را در مقابل امر رب، فرو می کاهد و خود عقل را هم از جمله مخلوقات می شمارد:

عقل اگر چند شاه و سلطان است

بر در امر بنده فرمان است

بیان نقش عقل در نظام هستی امر متافزیکی و از جمله موضوعات ما بعد الطبیعه محسوب می شود. بنأ سنائی منبع عقل را از سر چشمه نور و از فیوضات باری تعالی می داند:

اثر فیض اوست نا محصور

عقل از آن فیض گشت قابل نور

ولی روح سخن سنائی در اینجا منشاء هستی است که به حق تعالی بر می گردد. در اصل سنائی با تفسیر و برداشت از آیه مبارکه «إِنما أَمرُهُ إِذا أَرَادَ شیئاً أَن یَقُولَ لَهُ کُن

فَیَکُون»[1] و متکی به علم نجوم، فلسفه و کلام به آن پرداخته و همه تلاشش این بوده تا تحقق امر حق را در کائنات و همه چیز برملا سازد و مانند امام غزالی همیشه فیوضات الهی را از عقل برتر بنشاند تا حق مطلب ادا گردد.

فصل فی التسلیم

لطف او هر که را دلالت کرد

آخرش هدیه هدایت کرد

****

قهرش آن را که بد مقالت کرد

هدف پاسخ ضلالت کرد

****

زشتی و خوبی و کم و بیشی

رنج و راحت غنا و درویشی

****

کردهٔ اوست جمله نیک بدان

یفعل الله ما یشاء برخوان

****

بد و نیک تو در عمل بسته است

نقش آن جمله در ازل بسته است

****

[1] آیه ۸۲ سوره یس، قران مجید

هر چه امروز پیش می آید

همه بر جای خویش می آید

****

چه کنم با که گویم این سخنم

گله از چرخ یا ز بخت کنم

****

جگرم خون گرفت و نیست کسی

کو شود غم گسار من نفسی

****

روزِ عمرم به شب رسید و نبود

جز تعب حاصلم ز چرخ کبود

****

ناله ام زان شدست سر آهنگ

کز عنا قامتم خمیده چو چنگ

****

اشک چون لعل گشت در چشمم

روز چون شب شدست بر چشمم

****

دود دل جیب و آستینم سوخت

سقف چرخ آه آتشینم سوخت

****

من مسکین مستمند ضعیف

باغم و محنتم ندیم و حریف

گله دارم ز روزگار بسی

با که گویم که نیست همنفسی

****

دوستی نیست کو شود همدم

همدمی نیست کو شود محرم

****

قدم از فکر ساختم با خود

بوکه بینم مگر به چشم خرد

****

جمله روی زمین بگردیدم

همدمی کافرم اگر دیدم

****

دلم از جور چرخ جفت عناست

که اندرین روزگار قحط وفاست

****

خود گرفتم که آن سخن دانم

کز عبارت نظیر حسانم

****

در چنین روزگار بانفرت

با چنین منعمان دون همّت

****

چون کنم این همه پریشانی

در ثنا و مدیح حسانی

روزگاری بهانه می جستم

قصه‌ای را بهانه می جستم

****

تا سخن را بر آن اساس نهم

زان سخن بر جهان سپاس نهم

****

چند جستم و لیک دست نداد

قصه ای آنچنان نمی افتاد

****

که بر او زیور سخن بندم

دل بر این بند بود یک چندم

****

آخرالامر یک شبی با دل

گفتم ای خفتهٔ ز خود غافل

****

چند گرد دروغ گردی تو

آبرویم بری چه مردی تو

****

بس‌از این وصف زلف و طره و خال

بس از این هرزه گفتگوی محال

****

چون زمدح آب روی نفزاید

گر نگویی مدیح هم شاید

زین سپس به ره طریقت پوی

گر سخن گویی از حقیقت گوی

****

خاطرم چون در دقایق زد

قرعه بر رقعه حقایق زد

****

نکئه‌ای چند لایق آمد پیش

جمله سر حقایق آمد پیش

****

سخن نغز همچو در ثمین

درج در نکته های سر ثمین

****

داده ایزد شعار توفیقش

نام کرده «طریق تحقیقش»

در این موضوع بحث تسلیم و قَدَر الهی است. گرچه سنائی نقش همه چیز را در ازل بسته و مرتبط انگاشته، ولی به نحوی عمل و بازتاب آدمی را هم در آن دخیل می داند. ولی همانند اکثر مفسران، برداشت شان از «مایشاء» همان برداشت سنتی متکی بر مسئله ظاهری آن است، گرچه منظور بیشتر «مایشاء» (امر حق توأم با نظامات خداوندی، چون همه ی نظم و اساس از او تعالی ناشی می شود) مد نظر است و کسی که با نظامات او تعالی همراه باشد، خداوند توفیق می دهد. اما اگر با این نظامات برابر نباشد بخود ظلم کرده، یعنی مشیت الهی را نادیده گرفته است. پس ما خود را با نظامات خداوندی و در خط او باید هماهنگ کنیم. در واقع ما مسوول و پاسخگو اعمال خود بوده و می باشیم.

با یک جمع بندی کلان، حکیم سنایی میخواسته بحث «تسلیم» (هموار ساختن وجود با تمام سلولها) را در مقابل رب توأم با هدایت خداوندی بیان بدارد؛ الحق خیلی خوب این مهم را باز کرده و بدان فایق آمده است.

در بخش دیگری این مثنوی، فشرده زندگی سنائی را از یک سو، و چرائی نوشتن کتاب «طریق تحقیق» را از جانب دیگر بسیار دل انگیز می شود فهمید. یعنی میشود دلیل نوشتن این مجموعه مثنوی را دانست و از جانبی این خود دال بر مدعاست که این کتاب «طریق التحقیق» از سنایی غزنوی می باشد. متکی بر این اصل، نحوه زندگانی و چگونگی تغییر انقلاب روحی این شاعر فرزانه و گذار از مراحل مداحی و دونی شخصیت تا رسیدن به چنین مقام شامخ و پُری معانی همه آورده شده و عارف به شکلی فشرده آن را بیان داشته است. می شود گفت همین مثنوی مؤید معرفی مختصر سنایی غزنوی نیز باشد.

سنائی با شکوه از روزگار زیسته و به تعبیر خودش مدح ناکس گفته، ابراز ندامت می کند. شکوه های این عارف از همزمانانش، مانند شکوه های حضرت علی در نهج البلاغه از عده ی پیروانش می ماند که هرازگاهی آن یار پیامبر اکرم (ص) را در دشواری ها تنها می گذاشتند.

سنائی همه ی اشعارش را که در وصف و مدح حاکمان بخاطر متاع و جایگاه دنیایی سروده بود، هرزه خوانده و از این عمل نادم است. این عارف بزرگ بعد از آن همه نا امیدی ها و ترک نمودن آن همه صور خیالی، به انگار خودش حالا به حقیقتی دست یافته که راه گم گشته اش دوباره نمایان می شود:

خاطرم چون در دقایق زد

قرعه بر رقعۀ حقایق زد

سنایی بعد از رسیدن به حق و حقیقت، حالا دقیقاً می داند چرا و بهر چه به این دنیا آمده است. در واقع پی بردن به این حقیقت، اثر همان تلنگر «لای خوار» بود تا این

حکیم از خواب غفلت بیدار شده و راه سالکان پیشه گیرد و جز حق دیگر سخنی بر زبان نیاورد:

زین پس بر ره طریقت پوی

کر سخن گویی از حقیقت گوی

در واقع بعد از آن تحول مبارک است حمد باری تعالی، اخلاق و تأملات حقیقی در آثارش پدید می آورد و گفتارش حکیمانه و عاشقانه تر می شود، مخصوصاً آن کلام عاشقانه و با صفا بیشتر در همین کتاب «طریقت التحقیق» به چشم می خورد. این حکیم، همه ی دست آوردها را به دور از انانیت ها، ممنون و مرهون توفیقات الهی می داند، چناچه خود در آخرین بیت مثنوی حاضر می گوید:

داده ایزد شعار توفیقش

نام کرده «طریق تحقیقش»

در مجموع، این مثنوی خود باز تعریفِ از این حکیم است و از چگونگی حالات و تحولات زیسته ی ایشان پرده بر می دارد.

فی تَخَلُّص الممدوح و تَخلیصِ الّروحِ

بود روزی مبارک و فرخ

کاین سعادت نمود ما را رخ

****

درِ این گنج نامه بگشادم

وین سخن را اساس بنهادم

****

نقش این کارنامه می بستم

تیر بوسید خامه و دستم

****

گفتم این نظم را طرازش چیست

زیور این عروس مدحت کیست

****

بر که افشانم این نثار بگوی

کیست لایق در این دیار بگوی

****

گفت این بحر پر معانی را

چشمهٔ ی آب زندگانی را

****

عیسی آثار سروری باید

خضر سیرت سکندری باید

****

که طراز سُخن بناش بود

وِرد جانِ خرد دعاش بود

****

نه غلط گفتم این خطا باشد

که طراز سخن وحا باشد

****

زین نمط هر سخن که آنِ است

به حقیقت طراز هر سخن است

گرچه بی برگ و بی نوایم من

بلبل نغز خوش سرایم من

****

زان در افوه خلق مذکور است

سخن من که از طَمع دور است

****

خرد از گوشه ای در آمد چست

گفت این نقد را که رسته زیست

****

سخن سر سری نمی بینم

زان کسش مشتری نمی بینم

****

گرچه هست این سخن تمام عیار

بس کساد است اندر این بازار

****

سکه این نقد را ز معرفت است

معرفت را نشان این صفت است

****

که در این کار نامه کردی درج

نکنش تا توانی اینجا خرج

****

زآنکه صاحبدلی نمی بینم

حال را مقبلی نمی بینم

که درو ذکر او توانی کرد

یا ز جودش بری توانی خورد

****

کو قدم تا بدین طریق رود

یا کجا گوش کاین سخن شنود

****

همه محبوس شهوت و حسدند

طالب قوت و قوت جسدند

****

میل اینها به ترهات بود

فعلشان نیز بر صفات بود

****

نزطریقت کسی اثر دارد

نز حقیقت دلی خبر دارد

****

چون ترا این سخن فتوح آمد

عاشقان را غذای روح آمد

****

نَزَد او کو محبتی دارد

این سخن قدر و عزتی دارد

****

که ز شرحش زبان بود قاصر

نرسد در نهایتش خاطر

عارفان کاین سخن فرو خوانند

هر چه جز حق بود بر افسانند

****

قیمت این سخن کسی دانند

که همه نقش معرفت خوانند

سنائی غزنوی در این مثنوی از معرفت، نحوه نگارش و نوع شعرش حکایت دارد، برعکس اشعار قبل از انقلاب روحی و به گفته او (هرزه) که در مدح غیر الله سروده بود، این اشعار عرفانی را پر مغز و پر معرفت می داند. هرچند اشارتی تلویحی دارد اینکه اشعار بازار کسادی دارند و کثیری از خلق در آن دقتی نمی کنند و یا تلقی درست از شعر و حکمت های منظومی او ندارند، اما وی معترف است اینکه عارفان و نخبگان عاشق، این سروده ها را بهتر درک کرده می توانند.

چون ترا این سخن فتوح آمد

عاشقان را غذای روح آمد

طوری که پیشتر هم بحث شد، بر طبق نظریه منتقدان، این نوع دیدگاه در اشعار سنایی شگرد شاعرانه ی بیش نمی باشد. ولی در حقیقت امر این چنین نیست، زیرا جائی که سنایی شعر را هرزه خطاب کرده، صرفاً بخاطر اینکه در مدح دیگری سروده شده و طبعاً این عمل منتج به تکبر و غرور می گردد، دانسته میشود، ورنه برعکس این مقوله، در بسیاری موارد از جمله همین کتاب « طریقه التحقیق»، قیمت اشعار و گفتارش را خیلی ارزشمند خوانده و با معرفت عجین شده می شمارد و آنرا پیوندی با سر چشمه معرفت الهی می داند که زبان از شرحش قاصر آمده است:

نزد آن که او محبتی دارد

این سخن قدر و عزتی دارد

که ز شرحش زبان بود قاصر

نرسد در نهایتش خاطر

یعنی این گفتار برای کسانیکه چشم دلی باز ندارند و محصور منّیت های خویش اند سروده نشده، بلکه روی سخن با افرادی است که قیمت این دُر میدانند.

قیمت این سخن کسی دانند

که همه نقش معرفت خوانند

ظرفیت میخواهد و دلی همواری تا گیرنده این گوهر گرانبها گردد. زیرا تنها از یک عارف با معرفت این سخنان ناب می براید، بناً صاحبدلی می طلبد تا آنرا هضم کند و در خود نشاند.

گفت این بحر پر معانی را

چشمهٔ آب زندگانی را

حالا بعد از دگرگونی روحانی و پُرشدن از عشق خدایی، هرچه از او ساطح می شود، بسان آب زندگانی است چون بخاطر یار است که حکیم غزنه چنین خوشگفتار است و خود را با فروتنی و افتادگی "بلبل نغز خوش خوان" می پندارد:

زین نمط هر سخن که آن من است

به حقیقت طراز هر سخن است

****

گرچه بی برگ و بی نوایم من

بلبل نغز خوش سرایم من

سنائی همچون مولوی، اگر جاهای شعر و شاعری را به دیده نیک ننگریسته، دلایل خاص خود را داشته، اما در جای دیگری سخن برآمده از خود را همانند دُر تلقی

نموده است. پس اگر این بزرگان لب بر سخن بگشایند، همه نُقل و انگبین و شکر گویند، زیرا پیوند رابطه عاشقانه با معشوق را طوری مستحکم ساخته اند تا گَپی و سخنی از آنها تراوش کند، در واقع گفتار از منبع دیگریست که بر زبان این عارفان جاری می شود، زیرا این بزرگان به نحوی از آنجا منبع و الهام می گیرند. مولانا در «دیوان شمس» در غزلی این موضوع را بخوبی ترسیم کرده است:

بازآمدم بازآمدم از پیش آن یار آمدم

در من نگر در من نگر بهر تو غمخوار آمدم

****

شاد آمدم شاد آمدم از جمله آزاد آمدم

چندین هزاران سال شد تا من به گفتار آمدم [١]

منقاحُ ابواب الاسرار، مَصباح ارواحِ الابرار

خالق خلق ایزد بی چون

فاعل کارگاه «کن فیکون»

****

هر چه آورده از عدم به وجود

از وجود همه تویی مقصود

****

خویشتن را نخست نیک بدان

تختهٔ آفرینشت برخوان

---

[١] دیوان شمس، غزلیات، غزل شماره ١٣٩٠ مولانا

در نگر تا که آفرید ترا

وز برای چه بر گزید ترا

قصه آفرینش است و برگزیدن آدمی به عنوان خلیفه در این دیر، یعنی اینکه چه کسی و بهر چه کاری آدمی را آفرید؟ عارف تلویحاً اینجا وظیفه انسان را خاطرنشان می سازد اینکه آفرینش انسان بهر چیست؟

برای رسیدن به این پاسخ، ضمن طرح یک سوال اساسی، راهکاری را ارائه می دهد و آن این است در قدم نخست خویشتن را نیک گردانیم و بعد در مورد چرائی آفرینش تأمل و تدبر نمائیم. این موضوع نیز اساس قرآنی دارد تا قصه چرائی آفرینش انسان به ما فهمانده شود که چگونه و چیست؟ به مصداق آیه مبارکه قرآن مجید «وَمَا خَلَقتُ الجِنَّ وَالإِنسَ إِلَّا لِيَعبُدُونِ»[1]

پس طوریکه دیده می شود، موضوع اساسی بحث «لِيَعبُدُونِ» است. چنانچه بیشتر مفسران آنرا عبادت صِرف می دانند، اما بحث تنها در عبادت باقی نمی ماند و امروزه مفسرینِ زیادی با تائید اینکه چرائی خلقت انسان همانا موضوع «عبادت» است، اما مفهوم این کلمه، بیشتر از آن می باشد. یعنی عبادت به مفهوم «هموار کردن وجود، در خدمت بودن، وجود را هموار ساختن به رب میباشد» تا آدمی به جایگاه رفیع اولیه و بالاتر از آن برسد. این خود فرصت بی نظیری است از الطاف الهی برای ما آدمیان در این جهان راز زدائی شده.

به همین ترتیت از طرفی دیگر نظریه غالب مسلیمن این است که همه کائنات بخاطر انسان خلق شده و سنایی هم در این مثنوی بر همین مورد انگشت گذاشته و آنرا در قالب شعر بیان کرده است. در حقیقت امر، تأکید سنائی در این مورد از منظر درون دینی سنت گرایانه و همگون با دیگران است. به سبب اینکه قصه سجده فرشتگان به آدم، مؤید این بحث می باشد. منظور از «سجده» « تمکین و مهیا ساختن شرایط و

---

[1] سورهٔ الذاریات آیهٔ ۵۶ قرآن مجید

در خدمت بودن» می باشد، بنابراین در این دنیا امکانات ترقی و تعالی برای انسان گذاشته شده است.

در کل غزنوی توجه ما انسان ها را بخاطر آمدن در این جهان و تفکر در باره آن معطوف میدارد تا مبدا در کمند فریب دنیا اسیر شویم و غافل بمانیم. پس در این دنیا وظایفی داریم و اینجا هم دارِ امتحان است، پس گذر جانانه و مستانه می خواهد تا سعادت مند شویم.

وَلَقَد کَرَمنا بَنی آدم

خاک بودی ترا مکرم کرد

زان پَست جلوهٔ دو عالم کرد

****

از همه بهتر آفرید تو را

هر چه هست ازهمه گزید ترا

****

در نظر از همه لطیف تری

به صفت از همه شریف تری

****

خوبتر از تو نقشبند ازل

هیچ نقشی نبست در اول

****

قدرتش بهترین صفت به تو داد

شرف نور معرفت به تو داد

گوهر مردمی شعار تو کرد

کرم و لطف خود نثار تو کرد

****

باطنت را به لطف خود پرورد

ظاهرت قبلهٔ ملایک کرد

****

آن یکی گنج نامهٔ عصمت

این یکی کارنامهٔ حکمت

****

اختر آسمان معرفتی

زبدهٔ چارطبع و شش جهتی

****

قاری سورهٔ مجاهده‌ای

قابل لذت مشاهده‌ای

****

خلقتت برد کوی استکمال

همتت راست سوی استدلال

****

خاطرت مدرک وجود خودست

عنصرت مستعد نیک و بدست

****

با تو بودست ز الست خطاب

با تو باشد به روز حشر حساب

گفته اسم جملهٔ اشیاء

در حق توست علم الاسماء

****

طارم آسمان و گوی زمین

از برای تو ساخته ست چنین

****

فرش اغبر برای تو گسترد

چرخ فیروزه سایبان تو کرد

****

آفرینش همه غلام تواند

از پی قوت و قوام تواند

****

حکمت و فطنت و کیاست و علم

همّت و سیرت و مروت و حلم

****

در وجود تو جمله موجودست

وین همه لطف و جود معبودست

****

صفت تو به قدر آنکه تویی

نتوان گفت آنچنان که تویی

****

نشنیدی که آن حکیم چه گفت

که به الماس در معنی سفت

****

تو به قیمت ورای دو جهانی

چه کنم قدر خود نمی‌دانی

****

این همه عزت و شرف که تراست

تو ز خود غافلی عظیم خطاست

اینجا صحبت از «وَلَقَد کَرَمنا بَنی آدم»[۱] است و اینکه جایگاه انسان منحیث مخلوق برگزیده خدا در روی زمین می باشد. بازهم تأکید می دارم اینکه حکیم سنایی عنایت خاصی به قرآن مجید داشته است. زیرا برداشت های علمی، تصوفی و عرفانی خویش را از قرآن اخذ کرده و آنرا در اشعارش به خوبی منعکس ساخته است. به همین سبب او را حکیم دانا و مسلط بر زبان و احاطه اش بر علوم متداوله میشناسند.

باری، سنایی غزنوی در قسمت آغازین ابیات از لطف پروردگار برای آدمی یاده کرده و به بحث ورود می کند. به این وسیله برای انسانها خاطر نشان می سازد اینکه از کجا خلقتش شروع شده (از خاک و آن سُفله گِلی پست) و به چنین انسان «احسن التقویم» مبدل گشته است. اینها همه از کرم کریم هستی (الله متعال) ناشی می شود. در ادامه وی انسان را جلوه دو عالم و بر گزیده ی شریف می داند:

از همه بهتر آفرید ترا

هر چه هست از همه گزید ترا

و بعدش صفت مردمی (انسان) به تو داد تا در زمین مستقر شدی و باطنت را با حکمت ساخت. اما با همه ی این حسنات، در روز «الست» رستاخیز از همه ی آن امکانات داده شده و اعمال و رفتار باید پاسخگو باشی و این امر حتمی و ضروری

---

[۱] سوره الإسراء، آیهٔ ۷۰ قرآن مجید

است. قصه اش در مقایسه به این دنیا است، چون در این کره خاکی، آدمی در پهلو صلاحیت ها، یک سری مسئولیت ها و جوابدهی هم دارد.

با تو بودست ز الست خطاب

با تو باشد به روز حشر حساب

یعنی این دنیا بی حساب و کتاب نیست، یک سلسله تکالیفِ بر دوشت نهاده اند و باید از آن بدر آیی، چون این دنیا و آسمان نیلگون و همه ی امکانات بخاطر رشد و کمال توست:

فرش اغبر برای تو گسترد

چرخ فیروزه سایبان تو کرد

در اینجا اگر منظور از «چرخ فیروزه» همان مفهوم عام از آسمان دنیا باشد یک حرف دقیق و خیلی واضح است، اما اگر مراد از «سایبان» همان طبقات بالایی زمین یا «جوّ زمین» باشد باز هم سنخیت تام به موضوع دارد، زیرا شاعر در بیت بعدی آن را چنین آورده است:

آفرینش همه غلام تواند

از پی قوت و قوام تواند

امروزه دانشمندان پی برده اند تا بخاطر جلوگیری از برخورد اجرام سماوی به زمین، این «جو زمین» که چند لایحه ای است، حیثیت محافظ را دارد، اگر این جو نباشد، چه از نظر برخورد شهاب سنگ ها و چه از منظر نور مستقیم خورشید که مضر است و اشعه های مخرب را به همراه دارد، قوام زمین و ادامه حیات در این کره خاکی نا ممکن می بود، زیرا توسط همین لایه هاست از زیان جلوگیری می شود.

به همین ترتیب اگر ما آسمان زمین را این چنین آبی و نیلگون می بینیم، باز هم از برکت همین لایه های محافظتی زمین (همچون لایه استراتوسفر، تروپوسفر، مزوسفر،

اگزوسفر و دیگر لایه ها) است. ورنه از جو زمین به بالا همه آسمان زمین سیاه است، این آبی بودن و چشمک زدن ستارگان فقط از زمین دیده می شود و میسر است.

این موضوع علمی دقیقاً با نص قرآنی نیز همخوانی دارد جائیکه در کلام الهی آمده است: «وَ زَيَّنَا السَماءَ الدُّنيَا بِمَصَابِيحَ وَ حِفظاً»[۱] به تعبیر قرآن مجید، طبقات بالایی دو وظیفه اساسی دارند، یکی محافظت زمین و دیگری زینت و قنشنگی آن است. حالا بحث کهکشان ها مسئله جداگانه است که با چشم غیر مسلح قابل رؤیت نیست، بحث ما تصویرهای آسمان زمین با چشم عادی بشری است.

به این ترتیب، همه این ها بخاطر قوام و رشد آدمیان است و دنیا و ماورا آن عبث آفریده نشده و آدمی به سلطان (علم) توان تسخیرش را خواهند یافت.

باری، سنائی در ادامه می آورد؛ حکمت و علم در وجود من و تو است و این لطف پروردگارت است باید این صفات را در خود بپرورانی، بخاطر اینکه اینها در فطرتت نهاده شده و ضرور است آنها را در خود تقویت کنیم. ولی انسان ها در اکثراً حالات غافلند و در زمینه تعقّل آنچنانی نمی کنند و یا به تعبیر قرآن مجید «وَاَكثَرُهُم لاَ يَعقِلُونَ».

موضوع ثانی در این مثنوی اینست که همین صفات به اندازه و ظرفیت ما آدمیان موجود بوده و از لطف حق تعالی میباشد. زیرا انسان ها به صورت خدا آفریده شده اند، پس همه چیز از او تعالی ناشی می شود.

صفت تو به قدر آنکه تویی

نتوان گفت آنچنان که تویی

---

[۱] سورهٔ فُصلت، آیهٔ ۱۲، ق

اما همین اندازه نیز خیلی کرم بی شمار یار است، گر من و تو آنرا بدانیم و از آن غافل نشویم. خطا و جفا خواهد بود گر عزت خویش ندانیم، بنابراین باید از این الطاف الهی شاکر بود و قدر خویشتن را نیز دانست:

تو به قیمت ورای دو جهانی

چه کنم قدر خود نمی دانی

****

این همه عزت و شرف که تراست

تو ز خود غافلی عظیم خطاست

در نتیجه می توان گفت، این شعر سنائی، متکی بر نصوص کتاب الهی است. کرامت آدمی با خدا باوری و ایمان معنی پیدا می کند، چون بدون معرفت خدا باورانه نمی شود به قصه ای مبنای کرامت انسان جواب ریشه ای احسن پیدا کرد. اگرچه در تئوری ها از جمله تئوری دارونیزم (یک تئوری بیالوژیکی می باشد تا همه شمول)، به آن پرداخته شده و کوشش شده تا تعریف کاملی بدست دهد، اما نمی شود کرامت انسانی را از دل آن بیرون کشید، زیرا بحث تکامل انسان با رویکرد بیولوژیکی از حیوانات، آن ارزشِ انسانی و کرامت را نمی تواند مطرح و تعریف کند. پس انسان باید با مبدأ کرامت که ناشی از رب است خود را وصل کند تا بر اصل خود نایل آید.

هرچند امروزه بحث حقوق بشر و کرامت انسانی از مباحث کلان در سطح بین المللی خوانده شده و به آن احترام گذاشته می شود، ولی این مباحث از بُعد فلسفی، جامعه شناسی، حقوق و وجوه ساختار نوین و مدرنیته خیلی تغییر کرده است. پس اصل همان آزادی های طبیعی انسانی و احترام به نوع بشر است و بایست به آن توجه صورت گیرد.

اَفَحَسِبتُم اَنَما خَلَقناکم عَبَثاً

تو چه پنداشتی که ایزد فرد

از پی بازیت پدید آورد

****

عمر ضایع مکن به بیخردی

دور شو دور از صفات بدی

****

با دد و دیو چند هم نفسی

علم آموز تا به حق برسی

****

هر که از علم دین نشد آگاه

در بیابان جهل شد گمراه

****

آخر این علم کارعلم بازی نیست

علم دین پارسی و تازی نیست

****

از پی مکر و حیلت و تلبیس

درست از منطق است و اقلیدیس

****

تاکی این جنس و نوع و فصل بود

عزم آن علم کن که اصل بود

****

چیست عِلم از هوا رهاننده

صاحبش را به حق رساننده

****

هرکه بی علم رفت در ره حق

خواندش عقل کافر مطلق

****

در حضورش که هست نا محدود

هر که را علم نیست شد مردود

****

اگرت هست آرزوی قبول

رو به تحصیل علم شو مشغول

****

حکمت آموز تا حکیم شوی

همره و همدم کلیم شوی

****

نفس امّاره را بدانی چیست

گاه و بیگاه همنشین تو کیست

****

نفس بس کافرست اینت بس

گر شدی با نفس زهی ناکس

****

سر برون بر ز خط فرمانش

جهد کن تا کنی مسلمانش

چون تو محکوم نفس خودباشی

به یقین دان که نیک بد باشی

این مثنوی متکی بر سوره «المؤمنون»[۱] قرآن مجید بوده و اینکه دنیا عبث آفریده نشده و با حکمت هایی که در آن نهفته است، آغاز می شود. بعداً عارف خطاب به انسان ها اظهار داشته تا از خواب غفلت بیدار شوند و عمر را ضایع نکنند و به بی خردی نگذرانند. برای رسیدن به این هدف، راهکار«کسب علم» را پیشنهاد می کند تا از طریق علم به حق و حقیقت برسند. هدف اساسی او اینجا بیشتر «علم دین» است.

هرکه از علم دین نشد آگاه

در بیابان جهل شد گمراه

به این ترتیب، جایگاه علم (علم دین) را تا حدی بلند مرتبه می شمارد که عدم آن جهل و گمراهی به همراه دارد. در ادامه فرد بی علم را مردود می شمارد. به این صورت وی همگان را به تحصیل علم ترغیب می کند. اما در کنار تشویق، موانع فراراه رسیدن به آنرا «نفس اماره» میداند.

چون تو محکوم نفس خود باشی

به یقین دان که نیک بد باشی

سنائی در کتاب مثنوی حدیقه الحقیقه، در فضیلت علم باب جداگانه ای دارد و این خود نمایانگر جایگاه علم در نزد سنایی شمرده میشود. وی در آن کتاب، علم را بام گلشن جان و نربان عقل خوانده است:

---

[۱] سوره المؤمنون، آیه ۱۱۵، قرآن مجید

علم دین بام گلشن جانست

نردبان عقل و حس انسانست[۱]

محتوای حکمت و اخلاق در این مثنوی خیلی برجسته است. به همین علت نقش علم را غرض رسیدن به حق و اندیشه های معنوی، مثبت و ارزنده خوانده و در مقابل، «هوا نفس» را چالش اساسی برای گمراهی انسان و دوری از این سفره معنوی تلقی میکند و رهنمود می نماید تا از آن فاصله بگیرند و در دامش اسیر نشوند.

اگرت هست آرزوی قبول

رو به تحصیل علم شو مشغول

****

نفس بس کافرست اینت بس

گر شدی با نفس زهی ناکس

سنائی همچنان اخلاقیات را در اواخر این دفتر مثنوی به اوج اش رسانیده است. ژرف نگری او پیرامون موضوعات چون خلقت، آفرینش و حکمت در خور ستایش است.

أعدی عدوّکَ نَفسُکَ الّتی بینَ جَنبیک

گر کنی قهر او نفیس شوی

ور مرادش دهی خسیس شوی

****

[۱] کتاب مثنوی حدیقهٔ الحقیهٔ و شریعهٔ الطریقهٔ، باب پنجم، در صفت علم از سنائی غزنوی، تصحیح مدرس رضوی، ص۳۱۶

وه چه ساده دلی و چه نادان

که ندانی تو عصمت آن عصیان

****

از صفات حمیده بگریزی

در صفات ذمیمه آویزی

****

در تو هم دیوی است و هم ملکی

هم زمینی به قدر و هم فلکی

****

ترک دیوی کنی ملک باشی

ز شرف برتر از فلک باشی

****

تا از این همنشین جدا نشوی

دان که شایسته خدا نشوی

****

چو از این همنشین چو کردی دوری

ملک باقی تراست و دار سروری

****

آرزوی این جایکه فرح یابی

چون بدانجا رسی درج یابی

****

گر به اینجایت پای بست کند

باسگ و خوک هم نشست کند

تاکه دیوت بود به راه دلیل

نکند با تو هم سری جبریل

****

تا ز آلایش طبیعی پاک

نشوی کی شوی تو برافلاک

****

پهلو از قدسیان تُهی چه کنی

با دد و دیو همرهی چه کنی

****

شرم بادت که با وجود ملک

ننهی پای بر رواق فلک

****

بر زمین با ددان نشینی تو

صحبت دیو و دد گزینی تو

****

ترک یوسف کنی ز بی نظری

همدم گرگ باشی اینت خری

****

با رفیقان بد چه پیوندی

زین حریفان چه طرف بر بندی

****

حسد و حرص را بجای بمان

برهان خویش را از ین و از آن

گرنه یکبارگیت قهر کند

نوش در کام جانت زهر کنند

****

چون از ایشان به گور فرد روی

به قیامت ز گور مرد روی

****

چون برندت ز خانه مرده به گور

مرده خیزی ز گور وقت نشور

****

گر فرشته صفت شوی اینجا

با فرشته است حشر تو فردا

****

ور تو سگ سری بوقت نشور

هم سگی خیزی از میانهٔ گور

یکی از مضامین همه شمول در مورد نفس و نتایج مترتب از آن با تأسی از احادیث پیامبر گرامی (ص) همین مثنوی سنائی غزنوی می باشد. به این وسیله، وی جهت آدمی را از عصیان به عصمت معطوف می دارد و با به کارگیر از واژگانی پرُ تا بعضاً خالی گونه، کوشیده تا همگان را متوجه مسایل منحرف کننده سازد. بخاطر نشان دادن دونی و قُبح یک موضوع هر از گاهی چنین عبارات تُند و زننده ای را استفاده نموده است.

باری، ابتداً از مواردیکه صفت بدی را ببار می آورد تذکر داده تا از آن اجتناب ورزیم. به طریقی ایشان زنگ خطر را بصدا در آورده تا ما را متوجه به دو مؤلفه ی مهم سازد، و آن هر دو عملاً در نزد آدمی موجود می باشد:

در تو هم دیوی است و هم ملکی

هم زمینی به قدر و هم فلکی

یعنی بیرون از تو چیزی نیست، اگر میخواهی تغییری بنمایی، همه در درون خودت موجود است. پس باید از این دیوها دوری جست و رهایی از همنشینی با ناکسان نیز در سرلوحه ی کار ما باشد. در واقع همان بحث خیر و شّر و یا انرژی مثبت و منفی و یا فضیلت و رذالت است تا با اختیار و اراده خود تصمیم بگیریم که چقدر کوچک باشیم و چقدر بزرگ، یعنی اینها از جمله مباحث کلان کلامی و فلسفی (چه از منظر درون دینی و چه بیرون دینی) میباشد و باید به آن پرداخته شود.

سنائی در نظریه فوق، بیشتر به نظریات کانت در این خصوص تقرب دارد. جائیکه او (کانت) را باور براین است "همه چیز یا اشیاء تصوری بیش نیستند چرا آدمی همه ی آن را در ذهنش ساخته است و آن را خلق می نمائیم". در این نظریه اقبال نیز با کانت هم نظر است، بنا بر همین سبب ایشان در چنین مواردی مقابل تصوف قرار می گیرد. [1]

اینجاست سنائی بین این دو دیدگاه قدم می زند، زیرا جان کلام او این است، چنین پتانسیلی در انسان است تا با اراده خود یکی را انتخاب نماید و متناسب به انتخابش می تواند رشد و ترقی داشته باشد:

تا که دیوت بود به راه دلیل

نکند با تو هم سری جبریل

و به تعقیب اش می آورد:

---

[1] اقبال و بازسازی فکر دینی در اسلام، علی انجینیر، اصغر، ترجمه: سید امیر موسوی زاهد، ص ۷

پهلو از قدسیان تهی چه کنی

با دد و دیو همرهی چه کنی

همراهی با ناکسان موجب دوری از نیکان و فضلا می گردد. باید از حرص، حسد و نا بخردی دوری جست، اگر چنین شود، عاقبت خوشی هم در این گیتی و هم در آن سرای دگر در قبال خواهی داشت.

در دنباله این مثنوی چنین آمده است:

گر فرشته صفت شوی اینجا

با فرشته است حشر تو فردا

به تعبیری باید از همین جا رسم و راهت را بر گزینی و این تو هستی که انتخاب می نمایی. پس نیک سرشت بمان تا نیک محشور شوی. صفات نیکان را در خود بپرور تا فرشته صفت شوی و می شود حتی از آن برتر بنشینی. این همه در همین جا و همین لحظه (زمان حال) در تو میسر است، جای دوری نیست فقط همت کار دارد و چشم تیزبین و حق نگر تا به آن برسی. از همین دنیاست که سرنوشت ابدی مان رقم می خورد. به تعبیر سنائی در آن بیت بالا اگر از همین جا فرشته صفت شدی، در روز رستاخیر، حشرت با فرشتگان خواهد شد. به تعبیری عام، بهشت هرکس از همین دنیا ساخته می شود، پس از این امر نباید غافل بود.

کَما تُعیشُونَ تموتونَ وَ کَما تَموتونَ تُحشِرونَ

تو اگر نیک نیکی ار بد بد

بد و نیک تو با تو باشد خود

****

چون بدی پس بدان که بیخردی

که خرد نیست رهنمون بدی

****

هر که پرورده خرد باشد

کی در او فعل نیک بد باشد

****

هر که را عزم آن جهان باید

دامن دل به بد نیالاید

****

گر کند عقل نیکیت تلقین

پس بود بارگاه عِلیین

****

وگرت دیو رهنمای بود

اسفل السافلینت جای بود

****

ددی تو ز نا سپاسی توست

بدی تو ز نا شناسی توست

****

گر شعارت بود سپاس و شناس

این ندا آید «انت خیرالناس»

پند و اندرزهای حکیمانه استاد سخن، متکی بر ارشادات دینی، دو وجه انسانی «نیک و بد» را در این مثنوی به معرفی می گیرد. سنایی همچون دیگر شعرا عنوان «دیو و دد» را با بار منفی و در مقابل «نیک وخرد ورزی» را با بار مثبت غرض توضیح ابعاد

انسانی (انسان نیک و یا انسان بد) آورده تا بهتر این دوگانه وجود آدمی را به معرفی بگیرد.

ایشان دو عامل مهم را بر شمرده که با او نبودن تباهی، و با او بودن و داشتن خیر و صلاح را بوجود می آورد. یکی شناخت خویشتن از خود (خود شناسی عرفانی) و دیگریش نا شکری یا (نا سپاسی) می باشد.

ددی تو ز ناسپاسی توست

بدی تو ز ناشناسی توست

شناختن خود همه ی راه ها را هموار می سازد، عدم این معرفت یقیناً غفلت را بوجود می آورد و همین جاست که نا شکری به مفهوم واقعی اش هویدا می شود. بر همین منهج، نا سپاسی و نا شکری کفر و دوری از حقیقت را بوجود می آورد، ولی داشتن آن دو (سپاس و شناس) حقیقت و وصلت را به ارمغان می آورد. پس لازمه همه این صفات احسن «شناخت» و «سپاس» است و می باید به آن همت گماشت:

گر شعارت بود سپاس و شناس

این ندا آید «انت خیرالناس »

اینجا منظور از «شعار» تنها بیان موضوع نیست، بلکه «شعور و فهم» می باشد. یعنی سپاس و شناس تو را به انسان بلند مقام و بهتری تبدیل می کند و جایگاهت را رفعت معنوی می بخشد، انجاست به تعبیر عارف خیرالناس می شوی. پس باید سپاسگزار حق بود تا ازدیاد لطف الهی نصیبت ما گردد.

حکایت

اندر آن دم که مبدع اشیا

کرد نقش وجود تو پیدا

****

قدسیان چشم بر تو بگشادند

حال را در تردد افتادند

****

یوسفی دیده اند زیبا روی

شاهدی دیده اند زیبا خوی

****

از عدم آمده به شهر وجود

کرده منزل به طالع مسعود

سنائی در این حکایت کوتاه دو موضوع را موازی باهم قرار داده و از فحوای این شعرش بر می آید اینکه منظورش شاید هر دو باشد. به بیان دیگر، بهتر است بگوئیم از این حکایت دو موضوع را با هم بیان می کند. یکی معرفی انسان هنگام پیدایش، که متکی بر بحث قرآنی آن را خیلی ظریفانه سروده است، یعنی همان قصه آدم و فرشتگان را به نحو لطیفی بیان داشته است که مفصلاً در عناوین قبلی به آن پرداخته شد:

قدسیان چشم بر تو بگشادند

حال را در تردد افتادند

به هر صورت، این عارف خیلی ظریفانه از پیدایش آدمی تا همان لحظه زیسته را یکپارچه و باهم می دیده، بدین مفهوم او گذشته و حال را با هم جمع کرده است. به این ترتیب او می خواسته به خود بانگ زند اینکه از کجا آمده و سفر زندگی واقعی اش از کجا آغاز شده و اکنون در کجای کار قرار دارد.

دوماً، خواسته به نحوی این حکایت را به تجربه زیسته خودش در بُعد دیگری نیز پیوند دهد. زیرا سنایی بعد از سفر مکه و خراسان زمین و مراجعت به شهر غزنه، به پیشنهاد یکی از دوستان نزدیکش (خواجه عمید الدین ابن مسعود تیشه) و به قول خودش « به طالع مسعود» در منزل این شخص، سکنا گزید و آنجا بود که به پیشهاد و همکاری همین دوست، به جمع آوری و تدوین آثار با ارزشش، مخصوصاً حدیقه پرداخت. در این زمینه، در مثنوی حدیقه در جای این لطف و تشویق «ابن مسعود تیشه» را به بسیار ارج یاد نموده، جائیکه می گوید:

دوستی مخلص اندرین شهرم

کرد از صدق دوستی بهرم

****

خانه بهر من برحمت دل

کرد و یک دست جامه خانه ز ظل [1]

بر همین سیاق در بیت اخیر این مثنوی آورده است:

از عدم آمده به شهر وجود

کرده منزل به طالع مسعود

---

[1] حدیقه سنایی، ص ۷۲۶

قالُوا اَتَجَعلُ فیِها من یُفسِدُ فیها ویَسفِکُ الّدماء

همه افتاده اند در تک و تاز
کرده بر تو زبان طعن دراز

****

چون ز فطرت تو بوده مقصود
همگان چون برادران حسود

****

کارها ساختند بر سر راه
تا ترا در فکنده اند به چاه

****

ساکن قعر چاه ماری چند
در بُن چاه حرص داری چند

****

اینک آمد نظر کن ای مسکین
بر سر چاه ژرف بشری بین

****

در چه انداخت بهر دعوت را
حبل قرآن و دلو عصمت را

****

بیش از این در میان چاه مپای
دست بر حبل زن ز چاه برآی

****

خویشتن را زچاه بالا کش

علم عشق بر ثریا کش

****

چست با کاروان صدق و یقین

سفری کن به مصر علیین

****

تا ز نا چیزهیچ چیز شوی

واندر آن مملکت عزیز شوی

****

حاسدان تو چون تو را بینند

وان همه بهجت و بها بینند

****

همه از گفت خود خجل گردند

اندر آن وقت تنگدل گردند

****

منشین غافل ار خرد داری

پیشه گیر و بکن نکوکاری

****

آنچنان زی درین جهان زنهار

که نگردی خجل به روز شمار

به سبب اینکه آدمی از همان آغاز پیدایش به بعد، با نوع نگاه تردید آمیز مواجه بوده، همین گونه به سیر تکامل و رفعت خویش نیز ادامه داده است.

سنایی اکثراً تشریح موضوعات اخلاقی را بطور تاریخی و از مبدأ آن آغاز می کند. بنابر همین اصل در مثنوی هذا نیز متکی به نص قرآن مجید از چگونگی انتخاب انسان منحیث «خلیفه» بر روی زمین و به تردید نگریستن ملائک به این امر و از همه بدتر بُخل ورزی ابلیس با انسان و تمرد از امر حق و رانده شدن از رحمت الهی، پرده بر می دارد. به همین منظور، عنوان این مثنوی با قسمتی از قول رب العزت مزین شده که مؤید همین امر است.[۱]

باری، بعد از آن سیر تاریخی فوق الذکر، این عارف بزرگ تلویحاً و در قالب چگونگی داستان حضرت یوسف (ع) وعزیز شدنش، شاید بخود و بر سبیل آن برای ما می فهماند تا چگونه از چاه های فرا راه بشری به در آیم، تا باشد ما هم عزیز شویم. بیرون شدن از چاه های حسد و طمع، کمالی می طلبد و آن را باید آموخت و یوسف وار با عشق و خرد از آن خارج شد. این عمل تنها از عاشقان شوریده بر می آید:

خویشتن را زچاه بالا کش

علم عشق بر ثریا کش

و یا:

تا ز نا چیز هیچ چیز شوی

و اندر آن مملکت عزیز شوی

یعنی عزیز شدن همت بالا بلند می خواهد تا حسودان را خجل کنی، پس خرد و نکوکاری و چنگ زدن بر حبل قرآن و دلو عصمت، تنها راهگشا محسوب می شود.

از منظر دیگر، سنائی از تجربه اگزیستانسیال خویش نیز پرده برداشته و از ابیات وی چنین بر می آید که حسودان و نا بخردان، مانع کار و هدف او شده بودند.

---

[۱] آیه ۳۰ سوره بقره، قرآن مجید

این عارف با استفاده از تجربه یوسف پیامر، خواسته بر این کمند هم فایق آید و یک حرکت جوهری را انجام داده است. دیده می شود هیچ چیز وهیچ کس نتوانسته مانع اهدافش شود. آنجائی که به خود ندا می زند "تو کار نیک خود کن این حسودان روزی از خود خجل خواهند شد، آن روز تو در قلعه های بلند معرفت رسیده ای" عزم راسخ این عارف فرزانه ستودنی است و تسلیم نشدن به اندیشه های منفی پیرامونی و اهمیت ندادن به آن، از نکات قوت شخصیتی ایشان محسوب می شود.

قآئد نفوس السالِکین و نَزهه قُلُوب المُحققِینَ

ای شده پای بست و زندانی

اندرین خاکدان ظلمانی

****

تا کی این گفتگوی بر باطل

تا کی این جستجوی بی حاصل

****

راه رو راه کرد گفت مگرد

که به گفتار ره نشاید گرد

****

تا ز بند هوا برون نایی

ندهندت کمال بینایی

****

نبری ره به عالم وحدت

نتوانی زدن دم وحدت

زین نشیمن سفر به بالاکن

خویشتن را چو عقل والا کن

****

دم به تجرید زن که بی تجرید

نرسد کس به عالم توحید

رسیدن به کمال و عالَم وحدت، تجرید از هوا و هوس نفسانی است نه با گفتار صرف و جستجوی باطل. پس گفتگوهای باطل را باید ترک کنیم.

تا کی این گفتگوی بر باطل

تا کی این جستجوی بی حاصل

عالم توحید بری از هوا، حرص و هوس است، بریدن از این ها و هموار ساختن وجود به نکوکاریست تا بر بینائی واقعی برسیم، بدین مفهوم بینش انسان مشروط به بر طرف ساختن هوس و خبائث می باشد:

تا ز بند هوا برون نایی

ندهندت کمال بینایی

حکیم غزنوی همچنان حرکت و کردار را شرط موفقیت می داند، نه صرف گفتار خالی را. چون عمل می تواند انسان را به هدفش برساند. مضافاً «راه جستن» را در راه رفتن (گام برداشتن عملی) می داند. پس ایشان یک فرد کاملاً عملگرا و معتقد به تجربه گرایی است نه تئوری پرداز غیر عملکرا.

سنائی به یک عاشق بی قراری می ماند، که درنگ و ایستا بودن در مرامش نیست. همیشه بی قرار و در پی جستن یار است که چنین شوریده حال است.

راه رو راه کرد گفت مگرد

که به گفتار ره نشاید گرد

و در قسمت اخیر این اشعار، ما را بر بُریدن از این دنیا تشویق می کند، کاری که اکثراً صوفیان بر آن مبادرت و مداومت داشتند تا به خدا تقرب حاصل کنند:

دم به تجرید زن که بی تجرید

نرسد کس به عالم توحید

تجرید و بریدن از دنیا و مافیهاست، بریدن از انانیت ها و خواسته های بی حد و حصر بشری است و غیر مشروع. یعنی در دام هوا و هوس نماندن و از خود غافل نشدن است.

دَع نَفسَکَ وَ تعال

بگذر از نقش عالم گل تو

ره تو و راهرو تو منزل تو

****

رهروی رو سخن ز منزل گوی

همره و همنشین مقبل جوی

****

چون تو غافل نشینی از کارت

نبود لطف ایزدی یارت

****

در سرای اثیر خواهی بود

جفت رنج و زحیر خواهی بود

****

جهد کن کز اثیر درگذری

به سلامت مگر تو جان ببری

****

زین جهان جهان تبرا کن

رو به بستان جان تماشا کن

****

کان جهان زین جهان شریف ترست

خاک او از هوا لطیف ترست

****

رخت بیرون فکن از این ماوا

خیمه زن در فضای آن صحرا

****

چشم بگشای تا جهان بینی

وان جهان را به چشم جان بینی

****

زانکه ادراک حس بیرون است

آستانش ورای گردون است

****

خاک او عنبر آب او تسنیم

محنتش عافیت سموم نسیم

پایهٔ عرشش از هوان فارغ

چمن باغش از خزان فارغ

****

بدر گردونش از خسوف ایمن

قرص خورشیدش از کسوف ایمن

****

ساکنانش مسبح و ذاکر

همه یکرنگ باطن و ظاهر

****

حاصل جمله دولت سرمد

مایهٔ عمرشان بقای ابد

****

گر بکوشی ز خود برون آیی

چون بدانجا رسی بیاسایی

****

بلبل بوستان انس شوی

همدم ساکنان انس شوی

****

حضرتی بینی از ورای مکان

فارغ از استحالت دوران

****

عاشقانی چو آدم و چو کلیم

چون حبیب و مسیح و ابراهیم

از پی وصل دلستان همه را

سر بر آن فرخ آستان همه را

****

آنچنان حضرتی و تو غافل

تن زده اینت ابله جاهل

****

هر که یابد بر آستانش یار

نتواند زدن دم اسرار

****

نطق را بار کبر لنگ شود

عرصهٔ ماجراش تنگ شود

****

وهم کآنجا رسد فروماند

ابجد سر خواند نتواند

این حکیم عاقبت اندیش با بینش و دانشش دو سرای را به معرفی زیبا گرفته و تفاوت آنها را تا جائی که لفظ و کلمات ایجاب می کرد، تشریح داده است. ولی با سادگی بسیار به نکات بس ظریف و لطیفی اشاراتی داشته که آدمی را در فکر فرو می برد. او برای معرفی این دَیر به اینجا می رسد:

زانکه ادراک حس بیرون است

آستانش ورای گردون است

ما از آن سرای دگر هیچ تصویری بیشتری را نداریم بجز از اینکه خدای متعال در کتابش (قرآن مجید) آورده است «بخاطر اینکه همه ذکر قرآنی به اندازه فهم بشری و

در بعضی حالات از جمله متشابهات می باشد» چطور می شود حق مطلب ادا گردد؟ پس عارفان ما مبتنی بر نصوص و آموزه های دینی و تأمل بر آن، تعریفی از جهنم و بهشت را به ما بدست می دهند، چون حس و درکی که تا بحال اتفاق نیفتاده چگونه می توان آنرا بازگو کرد.

این موضوع مانند همان مثال کلیشه ای معروف است که " تصور کنید می خواهید برای جنین در رحم مادر از پدیده های این دنیا مثل درخت و فضا و آسمان توضیح دهید، با چه ابزار و مثال ها قادر به معرفی می شوید، به جز اینکه از درک و ماحول آن طفل سخن بگوئیم، ورنه این طفل تا حال رنگ ندیده که از الوان درخت و گیاه صحبت شود و قصه الهذا". زیرا این محسوسات همه تجربی اند، در قالب کلمات نمی گنجند، اگر هم بیان شود، مفهوم واقعی را منعکس کرده نمی توانند. پس این ابیات سروده شده، مبین همین امر است و عارف کوشیده تا حد الامکان تعریف و توصیفی از آن بدست دهد و راهکاری چنین پیش پای ما بگذارد:

چشم بگشای تا جهان بینی

وان جهان را به چشم جان بینی

به هر صورت تا آنجائی که ارشادات قرآنی و تأملات عرفانی اجازه میدهد، سنائی از آن دنیا سخن گفته و تصویری تشُرف رؤیایی را بدست داده تا توجه را به آنجا بکشاند که آن سرای بمراتب بهتر از اینجاست.

پایهٔ عرشش از هوان فارغ

چمن باغش از خزان فارغ

و یا:

ساکنانش مُسبح و ذاکر

همه یکرنگ باطن و ظاهر

وی همچنان اضافه می کند، این ها همه برای ما محتمل است اگر از انانیت خویش بیرون بیائیم و بعد از اینکه عاقبت بخیر از دنیا رخت سفر بر بستیم، در آنجا این آسایش را تجربه خواهیم کرد.

گر بکوشی ز خود برون آیی

چون بدانجا رسی بیاسایی

یادمان باشد، منظور همیشه پیام هاست و باید به آنتوجه کرد، ورنه این ها صرفاً صوّر عارفانه مبتنی بر برداشت خیال فعال عارفان از معارف اسلامی می باشد. اما سوال اساسی این است که در این جهان بهر چه آمده ایم، به کجا می رویم و وظیفه اصلی مان چیست؟ به همین منظور جنبه های تشویقی و موازی به آن جنبه های انظار و هشداری چه در کلام الهی، چه در معرفت دینی و چه در حکمت های عارفان ما نهفته است و این ها همه یک سمت و سو دارند و هدف آن سعادت بشری می باشد.

پس برداشت های عاشقانه و عارفانه و همچنان شریعت مدارانه این حکیم از معارف دینی، تلاشی مضاعفِ است غرض باز تعریف مسایل مهم و مغلق دینی، بخاطر ترقی و تعالی نوع بشر.

مَن عَرَفَ نَفسه فَقَد عَرَفَ رَبه؛

بگذر از وهم و این سخن بگذار

کی بود وهم مدرک اسرار

****

دل تواند یکی مطالعه کرد

لوح اسرار قرب مبدع فرد

****

هر چه عین کمال معرفت است

خاص دل راست کو بهین صفت است

****

دل چو در عالم بشر باشد

زان معانیش کی خبر باشد

****

تا مکاشف نگشت نتواند

که از آن نقطهِ فرو خواند

****

تا مجرد نشد ز فعل ذمیم

حق خطابش نکرد قلب سلیم

****

بشریت چو از تو دور شود

آنچه عین دل است نور شود

****

چون شود کشف سر عالم غیب

زود معنی نهندت اندر جیب

****

چون بیابی حقیقت اخلاص

ره کنی قطع تا سُرادق خاص

****

بر بساط جلال بنشینی

آنچه بینی بچشم دل بینی

گر تو خود را در آن جهان فکنی

فرش عزت بر آسمان فکنی

اینجا غزنوی یکی از حکمت ها را به زبان و نظم وزین بیان داشته که در مرکز آن حرف «دل» است، کلید واژه آن همین است. «وهم» را به مثابه عامل باز دارنده از مکاشفه تلقی نموده و توضیح داده که با دل مکاشفه و مرافقه و مطالعه سِر عالم روشن میشود.

در اینجا بایستی دل از عالم بشری خارج شود تا با نور الهی عجین گردد و آنگاهست به قلب سلیمی می توان رسید و بر بساط حضرت رحمان نشست:

بشریت چو از تو دور شود

آنچه عین دل است نور شود

اینجا منظور از «بشریت» آدمی با کالبد ظاهریش است. مادامی که اوصاف «انسان این دنیایی» از تو دور شود (مفارقت روح) و یا (خیال عارفانه و حالت شهودی)، آنجاست با نور الهی قربت حاصل کرده اید. مقصود سنایی همان موردیست که در آدمی از نور الهی دمیده شده و رجعت ما هم پیوند به اصل مان می باشد.

سنایی از این نوع اشعار در «سیرالعباد» زیاد دارد، به همین جهت نمی شود شرح مبسوط و کاملی بر آن نوشت، بدلیل اینکه باید در آن قالب داخل شد و از منظر شخص شاهد و تجربه کننده به قضیه نگریست.

عارف در ادامه بحث می گوید، زمانیکه اخلاص و خالص شدن را تجربه کردیم، آن گاه است چشم دل ما باز شده و بر سفره رنگین خدا می توانیم بنشینیم و به عزتی برسیم.

بر بساط جلال بنشینی

آنچه بینی به چشم دل بینی

چشم دل همان معرفتی ست که در آن سرای بر آدمی بخشیده شده و به معنا «ذاتِ چیزی را دیدن» است. این دیدن، بر خلاف دیدن متعارف که ما میشناسیم است، یعنی با تمام وجود برداشت و دانستن است. در همین کتاب طریق التحقیق، سنائی جائی میگوید:

دیده را دیدهٔ دگر باید

تا بدان دیده دیدنش شاید

****

به چنین دیده‌ها که ما داریم

طاقت دیدنش کجا آریم

حکایت

دوش نا گه نهفته از اغیار

یافتم بر در سرایش بار

****

مجلسش زان سوی جهان دیدم

دور از اندیشه و گمان دیدم

****

مجمعی دیده ام پر از عشاق

جسته از بند گنبد زراق

****

چار تکبیر کرده بر دو جهان

گشته فارغ ز شغل هر دو جهان

باده از جام معرفت خورده

راه زانسوی شش جهت کرده

****

همه گویای بی زبان بودند

همه بی دیده، نقش خوان بودند

****

ماجرایی که آن زمان می رفت

سخن الحق نه بر زبان می رفت

****

نکته‌ها رفت بس شگرف آنجا

درنگنجید صورت و حرف آنجا

****

صوت و حرف از جهان جسم بود

بهر ترکیب فعل و اسم بود

این حکایت سنائی آنقدر فیلسوفانه، تمثیلی و رؤیای است که تشریح آن به تعبیر خودش در این شعر، در حرف و زبان نمی گنجد. یعنی حالات روحی فوق العاده بی صورت و بی حرف دارد و اینکه چگونه می توان در قالب حرف و سخن آن را تحریر داشت. این حالت تجربه روحی انسان ولامقام است که در قالب حکایت آورده است و شاید هم تخیل عارفانه وی بوده باشد. به همین جهت سنایی مبتکر این نوع شعر می باشد و در این زمینه استادی چیره دستی است.

به هر صورت، چون خود سنایی آن را در قالب یک حکایت جسم و روح بخشیده تا ما از آن تجربه بسیار فاخر هم فیض ببریم. به این جهت ایشان لازم دانسته اند در مثنوی خویش بگنجاند. یک بار دیگر تأکید می شود اینکه، تجربه های بی زبانی و

سکوت، تشریح لازم ندارد، باید عملاً رفت و تجربه کرد، ولی لااقل بخاطر مستفید شدن از گوشه ای از آن تجربیات، خوب است تا با دیگران شریک شود و چنین هم شد.

باری، سنایی در این حکایت از خلوت شب شروع می کند (آن دم که زمان اوج گرفتن است یا بنا بر تعبیر قرآن مجید بهترین زمانی که خداوند برای پیامبرش و به تبع آن برای تمام بندگانش تشویقاً عنایت فرموده تا در پاسی از شب بهتر می شود با خدا راز و نیاز داشت، زیرا در طول ساعات روز، تعلقات مانع سیر تفکر می شود، برعکس سکوت شب هنگام این امکان را میسر می سازد تا افکار مان در فضای آرامش محض به سفر معنوی خود ادامه دهد و در این هنگام، چشم و گوش و حواس ها با تمرکز بهتر کار می کند). این خلوت گزینی شبانه، اسرار زیادی را برای آدمی فاش می کند.

مفهوم «مجلس زان سوی جهان دیدم» یعنی موضوع اینجایی نبوده بلکه فضای خیلی معنوی داشته چون به تعقیب آن در بیت دوم این مکان و زمان را دور از اندیشه و گمان می داند. یعنی دیگر آنجا پای اندیشه می لنگد، چون جای برای اندیشیدن نیست. معمولان اندیشیدن بنا بر بعضی اطلاعات از قبل و سایر مؤلفه ها نشأت می گیرد. اما آن مجموعه عاشقان که از بند زرق و برق رهایی یافته اند و بر خوان معرفت نشسته اند، در قالب اندیشه و فکر نمی گنجد باید آنجا رفت و عملاً تجربه کرد.

در همین بحث، ذهنم متوجه سخنی ژان پُل سارتر فیلسوف فرانسوی قرن بیستم افتاد، او می گوید "انسان در حالت نیستی (بی ذهنی) می اندیشد"[1] این نوع اندیشیدن ها تا با اندیشدن مبتنی بر اطلاعات و معلومات از قبل فراهم شده آن تفاوت دارد.

به هر صورت عارف بخاطر استدلال مستحکم و همچنان هر چه مقنح تر ساختن بحث، در ادامه آورده است:

---

[1] کتاب هستی و نیستی، ژان پل سارتر ص ۱۸

همه گویای بی زبان بودند

همه بی دیده نقش خوان بودند

یعنی در حالت بی کلامی، همه منظور و مفهوم تجمع و مجالست را می دانستند. وی همچنین می آورد؛ نکته هایی که آنجا بیان شد در صورت و حرف نمی گنجد، چون صورت و حرف از جنس جسم و اجسام و به تبع آن فعل و اسم است، ولی آن بزم ورای این دو بود:

صوت و حرف از جهان جسم بود

بهر ترکیب فعل و اسم بود

در نتیجه می توان گفت، سلوک معنوی این چنینی در حالت بی ذهنی، بدون صوت، صورت و حرف دنیای دیگریست و سنائی شاید آنرا در رؤیای عرفانی تجربه کرده باشد و ایشان بخاطر افاده بهتر در قالب حکایت آورده تا از تکفیر ظاهر بینان و دگم اندیشان وقت و زمانش درامان باشد.

او برداشت غیر متعارف و متفاوتی داشت، به همین سبب همینطوری نمی توانست آن را اظهار دارد و از جانبی دیگر نمی خواست از این تجربه اگزیستانسیال مهم نیز خیلی عادی بگذرد. پس برای انتقال مطلب از این بهتر طریقی سراغ نداشت تا چشم و دل دیگران را از این مکاشفه فرح بخش باز نماید.

ما رَاَیتُ شَیئاً اِلا و قَد رَاَیت الله فیه

در جهانی که عالم ثانی است

بی زبانی همه زبان دانی است

****

عاشقان صف کشیده دوشا دوش

ساقیان بر کشیده نوشا نوش

****

سالک کرم رود ز آن بازار

اَرِنی گوی از پی دیدار

****

عاشقان از وصال یافته ذوق

لی مع الله گوی از سر شوق

****

رهروان در سرای حیرانی

برکشیده نوای سبحانی

****

دیگری او فتاده در تک و پوی

لیس فی جبتی سوی الله گوی

****

آنکه او گوهر محبت سفت

به زبان و به دل «اناالحق» گفت

****

همگنان جان و دل بدو داده

واله مست و بیخود افتاده

****

بهر او بود جست و جوی همه

او منزه ز گفت و گوی همه

من دلسوختهٔ جگر خسته

پای در دام شش جهت بسته

****

صفتم در جهان صورت بود

صورت آلودهٔ کدورت بود

****

فرصتی نه که چست بر تازم

در چنان منزلی وطن سازم

****

قوتی نه که باز پس کردم

با سگ و خوک همنفس گردم

****

دل بر اندیشه تا چه شاید کرد

ره بدانجا چگونه باید کرد

****

چون کنم کاین طلسم بگشایم

پایم از بند جسم بگشایم

****

در رهش خان و مان براندازم

جان کنم خرقه و دراندازم

****

ناگهان در رسید از در غیب

کرده پر گوهر حقایق جیب

گفت ای رخ به خون دل شسته

در جهان فنا بقا جسته

****

تا در این منزلی که هستی توست

پستی تو ز خود پرستی توست

****

چون ز هستی خویش درگذری

هر چه هستیست زیر پای کردی

****

تو چه دانی که ز استان قدم

چند راهست تا جهان عدم

****

چند سختی کشید می باید

چند منزل برید می باید

****

تا به نیکی بدل کنی بد را

واندر آن عالم افکنی خود را

****

گر ترا میل عالم قدم است

ترک خود گفتن اولین قدم است

****

نرسی تا تو با تو هم نفسی

قدم از خود برون نهی پرسی

تا طلاق وجود خود ندهی

پای در عالم قدم ننهی

****

تا وداع جهان جان نکنی

ره بدان فرخ آستان نکنی

****

در هوایش ز بند جان برخیز

جان بده وز سر جهان برخیز

****

به وجود جهان قلم درکش

در صف عاشقان عَلَم برکش

****

زهد ورز اقتدا به عیسی کن

طلب او را و ترک دنیا کن

****

منشین اینچنین که نا خوب است

خیزو آن را طلب که مطلوب است

سنائی در تأملات عارفانه اش از عالم ثانی چنان پرده بر می دارد که باید انگشت حیرت به دندان گزید، حالات و مکنونات اش را چنان بیان می کند تا از علمیت و حکمت این عالِم ربانی متحیر شوی.

باری، از عالم بی زبانی و در ضمن زبان دانی آغاز نیک می کند تا مستان و مست دیدار یار و شوریده حال، به ساقی برسند و در این ابیات از کلمات و واژه های عربی دقیق استفاده شده تا جائیکه به این بیت ذیل می رسد:

بهر او بوده جست و جوی همه

او منزه ز گفت و گوی همه

از این گام به بعد، سنائی خود را در قالب کسی که «باخته یا شاید هم نباخته» و یا به تعبیری در « خوف و رجا » می نگرد.

صفتم در جهان صورت بود

صورت آلودهٔ کدورت بود

یعنی در جهان تمرکز فکری مان بر صورت و یا ظواهر فریبنده جهان بوده و این صورت هم صورت صاف نه، بل کِدر و آلوده به غبارهای خود پرستی و خود خواهی و مال دوستی بود. وقتی چنین صفایی را انسان می بیند و خود را بازنده می انگارد، زیرا نه راهیست که جبران شود، فقط تکاپو باقی می ماند و بس. به این مفهوم هر تصور از خدا در این جهان محصول ذهن و افکار ما آدمیان است و در قرآن هم به همین خاطر آمده که هیچ چیزی شبیه و مانند او تعالی نیست.

به همین دلیل، سنائی به خود نهیب می زند اگر فرصتی باشد خرقه از جان بر می کندم و در بند صّور باقی نمی ماندم، و نادمانه مینویسد:

در رهش خان و مان براندازم

جان کنم خرقه و در اندازم

اگر مجالی می بود، از همه بگذشتی تا قدحی نو سر می کشیدی و مستانه وار از خود بیخود می شدی. در چنین گفتگوی پشیمانانه، هاتفِ بانگ می زند:

ناگهان در رسید از در غیب

کرده پر گوهر حقایق جیب

آن این می شنود که جهان فنا را بقا گرفتی و خود پرستی (منیت) را پیشه کردی و این انانیت تو را به تباهی می کشاند.

تا در این منزلی که هستی توست

پستی تو ز خود پرستی توست

اگر خود پرستی و دنیا پرستی را رها کنیم و از خود بیرون بیایم و عیسی گونه زهد پیشه نمائیم و عاشقانه صرفاً طلب از یار کنیم، مصداق «ادعُونِی أستجِب لُکُم»[1] قرار خواهیم گرفت.

منشین اینچنین که نا خوب است

خیز و آن را طلب که مطلوب است

صَفَت اصحابُ الطریقهٔ

رهروانی که وصل او جویند

معتکف جمله بر در اویند

****

از وجود جهان خبرشان نیست

جز غم او غم دگرشان نیست

****

[1] سوره غافر، آیهٔ ۶۰ قرآن مجید

در جهانند و از جهان فارغ

همه با او ز جسم و جان فارغ

در مورد اصحاب طریقت و سلوک معنوی شان چند بیت مختصر سروده است. بلی بدرستی کسی که وصل الله متعال می جوید، دیگر غمی ندارد بجز غم لقا به یار، و هیچ پریشانی و ترسی را ندارد؛ بخاطر محو تماشای آیات و نشانه های محبوبند (أَلَا إِنَّ أَوْلِيَاءَ اللَّهِ لَا خَوْفٌ عَلَيْهِمْ وَلَا هُمْ يَحْزَنُونَ)[۱] سالک الهی اصلاً مغموم نیست، شادِ شاد و لبریز از عشق یار می باشد.

در جهانند و از جهان فارغ

همه با او ز جسم و جان فارغ

این سالکان نه اینکه در جهان فزیکی نیستند، بلکه هستند ولی در قید و بند دنیا نمی باشند، یعنی دلبسته به جهان نبوده و یک سر با پروردگارند و شادمانانه ره او تعالی می جویند. این چه طریقت نیکی و چه معرفت بلند مرتبه ای است، امید نصیب همگان گردد.

کُل یومٍ هُو فِی شأنٍ[۲]

سرقدم ساخته چو پر گارند

لاجرم صبح و شام بر کارند

****

[۱] سورهٔ یونس، آیهٔ ۶۲ قرآن مجید

[۲] سوره الرحمن، آیهٔ ۲۹ قرآن مجید

این مثل در زمانه معروف است

که عملها به وقت موقوف است

****

باش راضی بدانچه او دهدت

گر همه زشت ور نکو دهدت

****

نیک و بد نفع و ضر و راحت و رنج

کز تو بگذشت در سرای سپنج

****

یا چو افسانه ایست یا خوابی

یا چو در جویها روان آبی

****

حاصل عمر جز یکی دم نیست

و آن دم از رنج و غم مسلم نیست

****

نفسی کز تو بگذرد آن رفت

در پی آن نفس به نتوان رفت

****

کوش تا آن نفس که آید پیش

نشود از تو فوت ای درویش

****

از سر نفس خیز بهر خدای

تا شوی روشناس هر دو سرای

در ره عشق او بلاکش باش

همچو ایوب در بلا خوش باش

****

چون در آید بلا مگردان روی

روی درحق کن و رضینا گوی

این عارف دانا از رضایت به چیزهایی که ذات اقدس عطا فرموده (قناعت از داشته)، باب سخن را گشوده است. در ادامه وی را نظر بر این است که زندگی همین لحظه است، باید قدر زمان حال را دانست و دم را غنیمت شمرد. ولی نباید در گذشته باقی ماند، چون محال است آن نَفس دوباره بر گردد. در اینجا تلاش غزنوی برای مستفید شدن اعظمی از زمان حال است.

نفسی کز تو بگذرد آن رفت

در پی آن نفس به نتوان رفت

****

کوش تا آن نفس که آید پیش

نشود از تو فوت ای درویش

دید این انسان فرزانه از زیستن در زمان حال و لحظه کنونی با توجه به آن عصر، او را از بُعد روانشناسانه نیز در جایگاه بالایی قرار می دهد. زیستن در زمان حال؛ یعنی با حضور دل در«لحظه بودن» و به تماشای خویش نشستن است.

این مُبرهن است که ما انسانها موجودات زمانی هستیم و در محدوده زمان زیست می نمائیم.

بر اساس نظریه اکهارت توله آلمانی الاصل و شهروند فعلی کانادا در کتاب مشهورش «نیروی زمان حال»[1]، ابراز می دارد، مکان «سکون» است و زمان «لحظه حال»، باید عملاً در «زمان» حضور داشته باشیم، البته این به مفهوم نادیده انگاری «گذشته و آینده» هم نیست.

بقیه عارفان ما نیز مانند سایر دانشمندان و فلاسفه به حدود و ثغور زمان و اهمیت آن پرداخته اند و در این خصوص مباحث و نوشته هایی مبسوطی دارند. مختصر بر یکی دو مورد از باب نمونه اشارتی خواهم نمود، تا قدر این مهم (زمان) را بدانیم و جهت اهداف و بهره مندی خود از آن آگاهانه استفاده نمائیم.

نورالدین عبدالرحمن جامی شاعر، دانشمند و عارف قرن نهم هجری در مثنوی (هفت اورنگ)[2] باب سلسه الذهب در «مراقبت حال» چنین بیان داشته است:

باش در هر نظر اهل شعور

که به غفلت گذشته یا به حضور

جامی در این ابیات ضمن تأکید بر محاسبه وقت و زمان، تلویحاً و تصریحاً بر اهل اندیشه صدا میزند تا در چه حالتی قرار دارند، آیا حضور پر رنگ دارند یا در گذشته باقی مانده اند؟ اما در نهایت خواستار حالت «با ذهنی و شعور» است. برخلاف، اکهارت توله که معتقد بر «حالت بی ذهنی وسکون» یا به تعبیری «حالت بی زمانی» بود.

بدین منوال عرفای ما نیز نهایت سلوک معنوی را چیزی از جنس حالت بی ذهنی و سکون می دانند تا بر وصال یار برسند و این را «عین تسلیم شدن» به معشوق (رب) می دانند.

---

[1] نیروی زمان حال، اکهارت توله ص ۶۷

[2] هفت اورنگ، مولانا جامی، باب سلسۀ الذهب، تدوین علی مصطفوی، ص ۶۷

باری، همه ی بحث این است که چگونه در زمان حال زیست و از بند گذشته و آینده رهایی حاصل کرد، چون باید نجات را در لحظه حال آن مد نظر داشت، با عنایت به این امر نباید منتظر اتفاقات بود.

همچنان سنایی غزنوی در جای دیگری از اشعارش، با ملتفت بودن به این اصل، چنین سروده ای دارد:

ایام چو ما بسی فرو برد

تاکی بندیم دل در ایام

****

خیزیم و رویم از پس یار

گیریم دو زلف آن دلارام

در ادامه ...

کز مستی و عاشقی ندانیم

کاندر کفریم یا در اسلام

****

گردَیِ گفتم خاصگانی

امروز شدیم جملگی عام

****

امروز زمانه خوش گذاریم

فردا چون بود سر انجام

حکیم سنایی در ابتدای این اشعار، رهایی و دل کندن از زمان را یاد آور شده و در ادامه میاورد:

گز مستی و عاشقی ندانیم

کاندر کفریم و یا در اسلام

در اینجا آن حالت بی ذهنی و اوج سلوک را بیان می نماید. در بیت دوم از توجه به آینده نگری و نتایج مترتب به آن ذکر کرده و صراحتاً خواسته تفهیم نماید که قبل از رسیدن زمان آینده، تصورات آدمی چیزی است ولی با رسیدن «لحظه حال»، چیزی دیگری را شاهدیم. در بیت اخیر ما را دعوت به امروز (زمان حال) می نماید.

این ظرافت شعری سنایی دل انگیز بوده و مُبین تمام آن نظریاتی است که حول زمان حال می چرخید. الحق سنایی آنرا به بهترین وجه به نظم درآورده است.

حال که اهمیت «زمان» را دانستیم، در پایان ببینیم ما چه مفهوم و برداشتی از آنرا داریم؟ گرچه در این باره نیز زیاد تحریر و تقریر صورت گرفته و حرف و حدیث فراوان موجود است، اما نظر اقبال لاهوری بیشتر در خور توجه است.

تلقی اقبال از زمان این است که زمان بر ما نمی گذرد، بلکه ما هستیم مفهوم زمان را بوجود می آوریم؛ یعنی زمان بُعد بیرونی نه بلکه بُعد درونی دارد و موجودات با زمان یک حرکت جوهری دارند. برخلاف نظریه پیشینیان که زمان را جدا از موجودات می انگاشتند، اما اقبال می گوید: "ما خود بوجود آورنده زمان هستیم و این تعلق به ما دارد که چگونه به آن می اندیشیم"[۱] پس مفهوم زمان از دیدگاه وی یک امر درونی است و از سر مِهر با او باید پرداخت. به همین منهج، به نقل از «اکهارت توله» چطور یاد بگیریم تا مراوده خویش را با زمان تنظیم نمایم و این امر بجز دانستن «قدر زمان حال» و در «لحظه زندگی کردن»، دگر میسر نیست.

از سیاق این نظریات چنین بر می آید تا ما با در نظرداشت تعبیر های فلسفی، عرفانی و روانشاختی از مفهوم زمان، زیستن پر برکت در«زمان حال» را یاد بگیریم و گذشته

---

[۱] باز سازی فکر دینی در اسلام، فصل دوم، از اقبال لاهوری ص۴۴

را صرفا از جهت آموختن اشتباهات و موفقیت های تاریخی آن و آینده را بخاطر ترسیم اهداف عالیه خویش تعیین نموده ولی خود را عملاً و ذهناً در «لحظه و زمان حال» قرار دهیم، آنگاه است به تعبیر حضرت علی (رض) طولانی ترین و پر برکت ترین زیستن و عمر را (نه تنها از نظر کمی آن بلکه از نظر کیفی و معنوی) به تجربه می نشینیم.

سنائی بعد از موضوع زمان حال و غنیمت شمردن آن، توصیه دیگر هم دارد و آن دوری از نّفس (هوا و هوس) است، چون همه بلاها را همین نفس اماره با خود یدک می کشد. گپ آخر اینکه، اگر مصیبت و بلا برایت حاصل و نازل شد، خود را به غفلت مزن، بلکه از رب استعانت طلب و راضی به رضا او باش و با اوست رهیاب می شوی و آنگاست با این بلاها میتوانی مجادله کنید.

فصل فی البلآ

عاشقان را غذا بلا باشد

عاشق بی بلا کجا باشد

****

لقمه از سفره بلا خوردند

می ز خمخانه رضا خوردند

****

هرکه را در جهان بلا دادند

اولش شربت رضا دادند

****

نزد آن کس که در ره آمد مرد

رنج و راحت یکیست و دارو و درد

****

رهروان از بلا نپرهیزند

چون بلا رخ نمود نگریزند

حالا که بحث از «بلا» شد، انوع بلا و همچنین مواجه شدن به آن و راه چاره آن، همه بر زبان تصوف بیان شده است. اندرین راه عشق بلا است و بلا عاشقان غذا و راحتی و بی غصه گی است.

عاشقان را غذا بلا باشد

عاشق بی بلا کجا باشد

سنایی درد و راحت و نیز دارو و درد را دو روی یک سکه تلقی نموده و به بیانی این را «جز زندگی» می داند.

نزد آن کس که در ره آمد مرد

رنج و راحت یکیست و دارو و درد

شما زمانی قدر سلامتی را می دانید تا مرضی شما را بی قرار کند، این دید عامه است، اما بلا در نزد عرفا مفهوم جدای از مفاهیم متعارف دارد، از مشکلات و چالش ها گرفته تا گرفتاری ها و مشقت ها. از نظر این عارفان همه در نزد پروردگار اجر خود را دارد، چون امتحان حضرت دوست است و هر چقدر این بلا زیاد شود، گویا قربت و نزدیکی او به حق بیشتر گردیده است.

شاه نعمت الله ولی هم در این خصوص مانند سنائی دید مشابه دارد، او چنین آورده:

داروی درد عاشقی هست دواش درد دل

نیست نزد عاشقان خوشتر از این دوا دوا [1]

مخصوصاً این موضوع برای عشاق موضوع حتمی و عجین است، اینکه «آنجائیکه عشق است بلا هم است». به این باور جائیکه گل باشد خاری هم موجود خواهد بود.

خطر کردن در راه عاشقی از مکنونات آن شمرده می شود و دل و جگر قوی می طلبد و این راه را عاشقان خوب می دانند، چنانچه اقبال لاهوری همچنین عشق را بی باک دانسته است و از جنس دیگر می انگارد، او می گوید:

عشق را از تیغ و خنجر باک نیست

اصل عشق از آب و باد و خاک نیست

فصل فی الضحک والبکآء (اذا ارَادالله بقومٍ خَیراً ابتلاهُم)

تا توانی به خنده لب بگشای

سردندان به خنده در منمای

****

خندهٔ هرزه آبروی برد

راز پنهان میان کوی برد

****

با پسر اینچنین مثل زد سام

گریه بهتر زخنده بی هنگام

****

---

[1] دیوان غزلیات شاه نعمت الله ولی، غزل ۷۴

گریۀ ابر بین و خنده برق

درنگر تا که چیست اینجا فرق

****

ابر از آن گریه نعمت اندوزد

برق از آن خنده آتش افروزد

****

ابلهی از گزاف می خندید

زیرکی آن بدید و نپسندید

****

گفت ای بی حیا و بی آزرم

اینچنین خندی و نداری شرم

****

گریۀ تو ز ظلم و بیدادی

به که بی وقت خنده و شادی

****

خنده هرزه مایه ی جهل است

مرد بیهوده خند نا اهل است

****

هان و هان تا نخندی ای خیره

که بسی خنده دلِ کند تیره

****

هیچ شک نیست اندرین گفتار

گریه آید زخنده بسیار

در این مثنوی منظور از خنده و گریه های عاشقانه و عارفانه نیست، بلکه از بُعد اخلاقی قضیه با در نظرداشت زمان و مکان آن نگاه صورت گرفته است. زیاد خندیدن و بیجا خنده کردن کار ابله و جاهلان میباشد و گریه را بر خنده ترجیح داده و تمثیلاً گریه را به ابر تشبیه می نماید، چرا که ابر باران و نعمت می باراند و برعکس، خنده چون رعد و برق خرمن می سوزاند.

ابر از آن گریه نعمت اندوزد

برق از آن خنده آتش افروزد

خنده را تیره گی و کَدر نمودن دل می پندارد. مطابق این مثنوی، سنائی اهل گریه بوده تا خنده، البته مقصد همان خنده های جاهلانه و غیر ضروری است. ولی این را هم باید مد نظر داشت که مرز تبسم و لبخند جدای از خنده های آنچنانی است. این اندرزهای اخلاقی توأم با برداشت های شریعت مدارانه و اصطلاحات کلیشه ای روزگار بود، و این ها در مقابل جهل و حرف قبیح و اذیت کننده قرار می گیرد.

در همین مورد، باید به یک موضوع اشاره نمود اینکه، چه در آن زمان و چه در زمان کنونی، گفتار و خندیدن به ریش دیگران مایه سر گرمی مردمان جاهل و تُهی از اخلاق به شمار می آید، حتی بخاطر «بذله گویی های عامیانه» آبروی خلق می ریزند و دلی را می رنجانند. در چنین حالاتی است، عارفان با استفاده از اینگونه ابزار می خواستند یکی از منکرات و موارد ضد اخلاقی را به نحوی که ایجاب می کند، بر ملا سازند.

کَثرةُ الضحک تُمیتُ القلب

بر تو بادا که خیره کم خندی

ور بخندد کسی تو نپسندی

****

هیچ دانی غرض از اینجا چیست

هر که خندید بیش، بیش گریست

****

در جهانی دهان ز خنده ببند

چون برستی ز حول حشر بخند

به تعقیب موضوع قبلی (خنده)، سنائی برای تأکید و پیگری و اهم دانستن موضوع در این اشعار نیز پرداخته است. نوع قرائت او از خنده ظاهری، عامیانه یا عوام زدگی روزگارش بوده و کما تا الحال به ضرب المثل تبدیل شده «انکس که بخندد، دیر یا زود بگرید». ولی از ابیات بعدی اش هویدا می گردد، مقصد سنایی، خوف دینی وعارفانه اش بوده و آنرا در اشعار خود جا داده است:

در جهانی دهان ز خنده ببند

چون برستی ز حول حشر بخند

باید باز هم تأکید نمود اینکه موضوعات اخلاقی و اجتماعی، بُعد تربیتی دارند. حکمت هایی که غزنوی به ما می آموزد ارزنده است، اما در دل این اخلاق، ترس از روز رستاخیز موج می زند. او زمانی خنده را بجا می داند که آدمی از آزمون آخرت بتواند سر بلند بدر آید. در این بخش مراد سنائی از آخرت اندیشی و نیز قُبح اخلاقی خنده می باشد و بنگرید به چه زیبائی اینها را با هم جمع کرده است.

فصل فی الصبر والِشکر

هر که را داد ایزدش توفیق

صبر و شکرش بود همیشه رفیق

****

این بکاهد بلا و محنت را

وان فزاید غنا و نعمت را

****

صبر تلخست او بود حرجت

او دهد از بلا و غم فرجت

****

چون شکر ذوق شکر شیرین است

نعمت افزای و قوت آیین است

****

باد دایم به هر دو حال ترا

تا میسر شود کمال ترا

****

وقت ضر و عنا دل صابر

گاه نفع و غنا زبان شاکر

****

صبروشکری همی نمای به نقد

تا خطابت کنند نعم العبد

سنائی غزنوی در اینجا به دو موضوع بسیار مهم و سرنوشت ساز قرآنی و اخلاقی می پردازد، آن دو عبارت از «صبر و شُکر» است. خداوند منان در قرآن مجید بیشتر تأکید روی همین دو مورد (صبر و شُکر) داشته، به همین سبب سنائی هم بدان پرداخته است.

صبر ما را از مصائب و بلیات باز می دارد و شکر بر غنا و ازدیاد نعمات می افزاید « لَئِنْ شَكَرْتُمْ لَأَزِيدَنَّكُمْ»[1] و این خود توفیق خداوندی است:

هر که را داد ایزدش توفیق

صبر و شکرش بود همیشه رفیق

انوری در دیوان اشعارش در این مورد چند بیت بسیار زیبا و در خور تأملِ دارد:

اگر خود بگویید حق را سپاس

به دل لطف او را بدارید پاس

****

شما را کنم تعمت خویش بیش

فزون تر کنم نعمت خود ز بیش

****

درِ نعمت خدای بگشاید

شکر کن تا خدا بیفزاید

به همین ترتیب مولانا هم در بحث شکر و متکی بر نص قرآن کریم چنین آورده است:

شکر نعمت نعمتت افزون کند

کفر نعمت از کفت بیرون کند[2]

اما شکر در پهلوی مفهوم لغوی آن مفهوم غیر لفظی (عملی) هم دارد. شکر در مقابل کفر است «شُکر» یعنی استفاده درست و بهینه از نعمت های خداوند است و کُفر برعکس پوشانیدن حقیقت و عدم استفاده از داد خداوندی است.[1]

---

[1] سوره ابراهیم، آیهٔ ۷، قرآن مجید

[2] مجموعه مقالات عبدالعلی بازرگان ص ۱۲۷

همچنان صبر تنها حالت ایستا نیست، بلکه کنترل بالای خود (زمانی که به مشکلی یا مصیبتی بر می خوریم، باید بر خود کنترل داشته باشیم و از کوره در نرویم) و صبر در مقابل خشم می آید و نیز مقاومت و تسکین هم است. به قول عبدالعلی بازرگان، صبر قرآنی اکتیف است نه پسیف، یعنی تحرک در آن است.

سنائی صبر و شکر را از نشانه های ایمان می داند، انسان با ایمان این دو جنبه برایش خیلی ارزش دارد و روی آن تمرکز دارد. خداوند منان هم از انسان های شاکر و صبور به نیکوئی یاد کرده است. پس صبر و شکیبایی دو صفت مهم انسان مؤمن و فرهیخته محسوب می شود. این شاعر و حکیم دانا در کتاب «حديقة الحقيقه» در مورد شکر و صبر فصل جداگانه دارد، که نشان دهنده اهمیت این بحث قرآنی در نزد سنایی شمرده میشود.

فصل فی اِلعافیه

در جهان هر چه هست عاریت است

بهترین نعمتیش عافیت است

****

هست اندر جهان جسمانی

عافیت ملکت سلیمانی

****

هر که در عافیت بداند زیست

قدر این مملکت او شناسد چیست

****

[1] مثنوی معنوی، مولانا جلال الدین بلخی، دفتر اول

خُشک نانی به عافیت ز جهان

نزد من بِه ز ملکت خاقان

****

فرخ آن کو دل از جهان برکند

ببُرید از جهانیان پیوند

****

هرکه را این غرض میسر شد

از شرف با ملک برابر شد

****

شاه ایوان غلام او باشد

جُرعه خواران جام او باشد

****

چون ترا عافیت نماید روی

پس از آن بر طریق آز مپوی

****

آز بگذار تا نیاز آری

کاز آرد به رویها خواری

****

طمع و آز را مرید مباش

بایزیدی کن و یزید مباش

****

از پی مُلک آن گزید سفر

دو جهان پیش او نداشت خطر

بزن ای پیرو جوانمردان

بر جهان پشت پای چون مردان

****

تا ترا بر جهان جان نظر است

هر چه هستی توست بر خطراست

****

برفشان آستین ز جان و جهان

التفاتی مکن بدین و بدان

****

شاخ حرص و هوا ز بیخ بکن

گردن آز و آرزو بشکن

****

هر چه یابی ز نعمت دنیا

برفشان بهر عشرت عُقبا

****

چون الف آن کسی که هیچ نداشت

از درون هیچ بند و هیچ نداشت

****

دم تجرید آن تواند زد

که لگد بر جهان تواند زد

****

در روش چون بدین مقام بود

وانگه در عاشقی تمام بود

مرد این ره چو راهرو باشد

هر زمان قربتیش نو باشد

****

نقش کژ محو کن ز تخته دل

تا شود کشف بر تو هر مشکل

****

هر مرادی که از تو روی بتافت

نتوان جز براستی دریافت

یک بار دیگر بریدن از دنیاست و صحبت دل، اما سنایی این بار با عافیت آغاز می کند، عافیتی که در آن صلاح آدمی است بهتر از هر دارائی های مادی زود گذر می باشد.

خُشک نانی به عافیت ز جهان

نزد من بِه زمُلکت خاقان

و یا در مورد چنین سروده است:

در جهان هر چه هست عاریت است

بهترین نعمتیش عافیت است

****

از پی مُلک آن گزید سفر

دو جهان پیش او نداشت خطر

****

بزن ای پیرو جوان مردان

بر جهان پشت پای چون مردان

دم تجرید آن تواند زد

که لگد بر جهان تواند زد

اما وقتی با عافیت بودی، آز را بر آن راه مده چون آز خوار و ذلیلی در قبال دارد.

چون ترا عافیت نماید روی

پس از آن بر طریق آز مپوی

پس قدر عافیت را باید دانست و از این بابت بخاطر این نعمت عطا شده، شاکر الله (ج) بود.

هر چه یابی ز نعمت دنیا

بر فشان بهر عشرت عقبا

اینجا منظور استفاده بهینه و مناسب از نعمت و عافیت است و در نهایت عاقبت اندیشی.

عارف در ادامه راستی را کلید مرادهای گمشده می داند، زیرا به جز راستی و درستکاری، نمی شود به مقاصد عالیه مان رسید.

هر مرادی که از تو روی بتافت

نتوان جز براستی دریافت

سنائی در کنار مذمت دنیا، دغدغه این را نیز دارد تا هدف از سفر آدمی و بودن در این جهان را به او نشان دهد. وی در این راستا، بی حد جوششی در سینه داشت و هرازگاهی یادآور آن می شود و این آیه را در سر لوحه کارش قرار داد (خَسِرِ الدُنیا و الآخِرۀ ذلکَ هُوالخُسران المُبین)[1]

[1] آیۀ ۱۱ سوره حج، قرآن مجید

باری، غزنوی در جای دیگر از «نو شدن» نیز یاد کرده و راهروان عاشق عافیت جو را غرض قُرب الهی، به آن نو شوندگی ترغیب می نماید. اینجا مراد از «نو شدن» همانند تقویت و پالایش معنوی بر ایمان است. یعنی ساحت قُرب الهی بیکران است، با هر روز نوشدن و جلا دادن به ایمان، شما این پهنا را بیشتر در می نوردید.

مرد این ره چو راه رو باشد

هر زمان قربتیش نو باشد

فَاستَقِم کما اُمِرتَ وَمَن تابَ مَعَکَ

راستی شغل نیک بختانست

هر کرا هست نیکبخت آنست

****

دل ز بهر چه بر کجی بستی

راستی پیشه کن ز غم رستی

****

گر کژی را شقاوتست اثر

راستی را سعادتست اثر

****

هر که او پیشه راستی دارد

نقد معنی در آستی دارد

****

تا در این رشتهِ که مسکن توست

نفست ارکج رواست دشمن توست

راستی کن که اندربن رشته

نشوی جز به راستی رسته

****

بر تو بادا که تا توانی تو

نامهٔ نا کسان نخوانی تو

حکیم دانا به جهت اهم ساختن موضوع و القاء جنبه اخلاقی «راستی»، با توجه به آیه «فَاستَقِم کما اُمِرتَ وَمَن تابَ مَعَکَ»[1] در چند بیت مختصر به آن پرداخته است. راستی را «نیک بختی و سعادت» و برعکس آنرا (کژی) را «شقاوت و در مورد راستی تصریح می نماید اینکه راستی، رستن از غم است و کژی؛ اما همیشه «نفس» در مقابل راست گوئی و کردار نیک قرار می گیرد.

راستی کن که اندر بن رشته

نشوی جز به راستی رسته

پس صداقت و راستی در نزد سنایی، جایگاه ویژه ای دارد. این معلم اخلاق، عملی نمودن این مهم را به دوش ما می نهد.

بر تو بادا که تا توانی تو

نامهٔ ناکسان نخوانی تو

پس راستی و درست انگاری، وظیفه هر انسان فرهیخته است، زیرا دروغ و کژ انگاری آدمی را از متعالی ساختنش دور می سازد و این موضوع (دروغ و کژی) چه از نظر دینی و چه اخلاقی، قبیح شمرده می شود.

---

[1] سوره هود، آیه ۱۱۲ قرآن مجید

تنبیَهُ الغافلین وَ مذمت الجاهلینَ

طلب صحبت خسان نکنی

تکیه بر عهد ناکسان نکنی

****

که نکردست خس وفا با کس

سگ بکار وفا به از ناکس

****

گر رخ ناکسان نبینی به

با خسان هر چه کم نشینی به

****

زانکه ناکس ز دد بتر باشد

راست خواهی ز بد بتر باشد

****

گر تو نیکی بدان کنند بد

کم کند صحبت بدان خرد

****

تا توانی مجوی صحبتشان

که نه ایشان نه نام و کنیتشان

****

زین حریفان وفای عهد مجوی

وز درخت کست شهد مجوی

****

منشین با بدان و بد کاران

باش دائم رفیق دینداران

****

از برون و درون مردم بد

صورت آدمیست سیرت دد

****

پای در کش ز همنشینی شان

دیده بر دوز تا نبینی شان

حکیم غزنه در مورد همنیشنی با ناکسان و جاهلان حرف و حدیثی فراوان دارد. به نحوی حقیقت دد و ناکس را نیز بر ملا ساخته است. در خطاب به انسان های غافل، آنها را از نتایج همنشینی و هم صحبتی با اینگونه افراد بر حذر داشته است.

وی هم نشینی با دینداران را تا با ناکسان ترجیح می دهد، زیرا بد و دد ها در صورت آدمی، گرگانی بیش نیستند و عهد و وفای ندارند.

پای در کش ز همنشینی شان

دیده بر دوز تا نبینی شان

دغدغه های اجتماعی سنائی هیچ گاهی کمرنگ نیستند، ایشان سعدی وار به موضوعات تربیتی، مناسبات اجتماعی و اصلاح جامعه همت گماشته و خواسته تا یک جامعه و نسل سالم را شاهد باشد.

الوحدة خیر من جلِیس السوء والجلیس الصالح خیر من الوحده

دوستیت مباد با نادان

که بود دوستیش کاهش جان

****

این مثل زد وزیر با بهمن

دوست نادان بتر ز صد دشمن

****

بشنو این را که سخت نکوست

مار به دشمنت که گیری دوست

****

تا توانی رفیق عام مباش

پختهٔ عشق باش خام مباش

****

که همه طالب جهان باشند

بستهٔ بند آب و نان باشند

****

همه گان بیخبر ز مبدع خویش

واگهی نه که چیستشان در پیش

****

عاشق خورد و خواب و پوشش بس

تابع شهوت و هوا و هوس

****

یار خاصان نه این و آن جویند

از پی او بقای جان جویند

در اینجا یک بار دیگر بحث تربیتی و معاشرت با همنشینان نا باب و نا سالم مد نظر سنائی است. مبتنی بر مقوله مشهور «دشمن دانا بِه از دوست نادان بود»، مقصود خود را از این حیث بیان کرده است. چون این قماش دوستان نا باب، بسته بند لب نان و آب اند و بی خبر از چرائی آمدن به این جهان می باشند و تنها تابع شهوات، هوا و هوس خویشند. چنین انسان هایی، دیگران را در جِلد دوستی، به سمت و سو انحراف می کشانند.

عاشق خورد و خواب و پوشش بس

تابع شهوت و هوا و هوس

اگر از دید جامعه شناسی و فرهنگی نگریسته شود، دوستی ها معمولاً به سه دسته کلان تقسیم بندی می شوند. یکی دوستی های مقطعی (مطلبی) است، این نوع افراد در پی آنچه از دیگری حصول می شود طمع دارند (دوستی های طمع گرایانه). دومی دوستی هایی از سر تفنن و بدون کدام مطلب است، اما نتایج آن بسان قسم اول است البته بدون کدام طرح و پلان قبلی در کار باشد، این نوع دوستی ها را بیشتر نابخردان در پیش می گیرند و دقتِ در قسمت انتخاب دوست ندارند و همین امر گاهاً باعث بروز و ظهور رذالت ها می گردد و بیشترینه دوستی های امروزین نیز در همین دسته قرار می گیرد. و نوع سوم و آخری، دوستان بی آلایش و بی طمع اند؛ دوستی این قسم از افراد، صرفاً بخاطر الله (ج) و به تبع آن بدست آوردن دل انسانهای فرهیخته در زندگی می باشد، این نوع دوستی ها را دوستی های واقعی نیز خوانند.

به هر صورت، این موضوعات بیشتر دغدغه های اجتماعی یک فرد را چون سنائی در آن روزگار تشکل می داد. به دلیل اینکه این حکیم در پی استحکام خانواده به مفهوم

کوچک، و جامعه به معنا بزرگ آن بوده است و این موارد را می توان در اکثراً آثارشان سراغ کرد.

اولئِک کالانعامِ بل هُم اَضَل اُولئِک هُم الغافِلون

رنگ و بویی که در جان بینی

گر همه سود و گر زیان بینی

****

صلح یا عدل جنگ یا ستم است

با بدی نیک و با نشاط غم است

****

رهروان را از آن چه نفع و چه ضر

گر همه خیر باشد ار همه ضر

****

عالم دیگر است عالمشان

نیست فرقی ز مور تا جمشان

****

در جهان جز به دیدهٔ عبرت

ننگرند اینت غایت همّت

****

خاطر از هیچ کس نرنجدشان

هر دو عالم جوی نسنجد شان

****

هر که او لذت جهان جوید

روز و شب در پی جهان پوند

****

زو گریزان جهان و او پویان

همچو دیوانگان جهان جویان

****

نتواند بدان جهان پیوست

زین جهان باز دارد اندر دست

سنایی در بیان راهروان نیکوکردار دیندار و عارفان خداجو نکاتی چند آورده، و تلنگر محکم بیزاری به دنیا زده و از همت راهروان نیک سرشت صحبت هایی بیان کرده است:

عالم دیگر است عالمشان

نیست فرقی ز مور تا جمشان

****

در جهان جز به دیدهٔ عبرت

ننگرند اینت غایت همّت

و به تعقیب آن در وصف چنین انسان های گرامی و خداجو ابراز می دارد، آنها هیچ رنجش خاطر از کس ندارند، چرا که نمی رنجند. به قول دکتر سروش «نمی رنجند و نمی رنجانند» (نرج و مرنجان). اگر نیک نگریسته شود، همین صفتِ در ظاهر کوچک، چه نتایج خوب بلند بالایی در قبال دارد. چون امروزه ریشه های بیشتر مشکلات اجتماعی و حتی روانی در همین مورد نهفته است. رنجیدن های بی مورد، باعث اختلالات دماغی شده و در نهایت آدمی را درگیر امراض روانی فراوانی میسازد. به

همین ترتیب، رنجانیدن دیگران، کینه توزی و دشمنی را به بار می آورد و باعث گسست نظام خانواده و اجتماع می گردد.

این حکیم در ادامه می افزاید، افرادیکه فقط در پی این جهانند و آنرا بی مهابا می طلبند، دیوانگانی بیش نیستند.

زو گریزان جهان و او پویان

همچو دیوانگان جهان جویان

سپس در وسط ابیات قبلی، یک تِکه جدای «سیاسی اجتماعی» را آورده که به دل چنگ می زند:

صلح با عدل جنگ با ستم است

با بدی نیک و با نشاط غم است

فهم سنائی از مسایل سیاسی خیلی خوب بوده، صلح بدون عدل را نمی بیند و به همین سیاق، همواره در یک جامعه ستم باعث جنگ میشود. اما از نظر جامعه شناسی پدیده های بدی و نیکی، نشاط و غم و مسایل از این دست، جز لاینفک زندگی بشری محسوب می شوند. یعنی بدی و نیکی و نشاط و غم، دو روی یک سکه اند. پس این دنیا خالی از این دوگانگی (دوالیسم) نیست.

خَسِرِ الدُنیا و الآخِرۀ ذلکَ هُوالخُسرانُ المُبین

آن شنیدی که از سر سوزی

گفت عیسی به همرهان روزی

****

از جهان دلِ به طبع بر دارید

مهر او جمله کینه انگارید

****

که جهان زود سیر بد مهر است

همه خاراست اگر چه گلچهر است

****

همه معشوقه ایست عاشق کش

عاشق او خرد ندارد و هُش

****

دایه ای دان که هر که را پرورد

خون پرورده را بریخت و بخورد

****

تا جهان است کارش این بوده است

رسم آیینش اینچنین بوده است

****

آنکه زو زاد و آنکه از تو بزاد

هر دو راکشت و تو بدو شده شاد

****

او به آزردنت چنین مایل

تو درو بسته دل زهی غافل

****

دل منه بر جهان که آن نه نکوست

او ترا دشمن و تو او را دوست

گر بمانی در این جهان صد سال

بی غم و رنج جفت نعمت و مال

****

روزی آید که دلفگار شوی

خسته زخم روزگار شوی

****

چیست نام جهان سرای مجاز

در سرای مجاز جای مساز

****

کار و بار جهانیان هوس است

وین همه طمطراق یک نفس است

****

من بر این کار و بار می خندم

دل در این کار و بار چون بندم

****

چون ندانی که چند خواهی زیست

این همه طمطراق بیهوده چیست

****

از پی یک دو روزه عمر قصیر

چند هیزم کشی به قعر اسیر

****

زین جهانت بدان جهان سفرست

گذرت راست بر پل سقرست

غم این ره نمی خوری چه کنم

هیمه با خود همی بری چو کنم

عارفان کلاسیک، همواره در مذمت دنیا و دوری جستن از آن تلاش کرده اند، زیرا این دنیا را با همه ی آن زرق و برق، فریبنده و مانع تعالی آدمیان می دانند. سنایی نیز از این امر مستثنا نبوده و فراوان در این مورد اشعار دارد.

این حکیم در مثنوی بالا، این جهان را به معشوق عاشق کش تشبیه کرده و عشق ورزیدن و حُب به آنرا غفلت محض می داند و با چنین عشق ورزیدن های فریبنده بر سر مِهر نیست.

دل منه بر جهان که آن نه نکوست

او ترا دشمن و تو او را دوست

در ادامه، با طعن بر این جهان می خندد و به خود نهیب می زند، چرا با این مجاز سرای دل ببندم و در هوسش گرفتار شوم! در این بیت شناعت دنیا پرستی را به رخ انسان ها می کشد.

غم این ره نمی خوری چه کنم

هیمه با خود همی بری چوکنم

طوری که دیده می شود، غزنوی پیوسته غم نجات آدمی را داشته و با این دغدغه مداومت به خرج داده و از هر فرصت پیش آمده استفاده کرده تا ریشه های اصلی غفلت و عدم آخرت اندیش را بر ملا سازد. او این کار را منحیث وظیفه اخلاقی اش تلقی کرده، هیچ گاه از آن فروگذاشتی ننموده است.

دل منه بر جهان که آن نه نکوست

او ترا دشمن و تو او را دوست

گر بمانی در این جهان صد سال

بی غم و رنج جفت نعمت و مال

****

روزی آید که دلفگار شوی

خستهٔ زخم روزگار شوی

****

چیست نام جهان سرای مجاز

در سرای مجاز جای مساز

****

چون ندانی‌که چند خواهی زیست

این همه طمطراق بیهوده چیست

****

از پی یک دو روزه عمر قصیر

چند هیزم کشی به قعر اسیر

وَان مِنکُم اِلا وارِدها کان علی ربکَ حَتماً مقِضیاً

روزی از روزها به راه گذر

خرکی بر دکان آهنگر

****

از قضا می گذشت با هیمه

شرری جست از یکی نیمه

****

هیمه آتش گرفت یکسر سوخت

آخرالامر در میان خر سوخت

****

چون تو با هیمه بر سقر گذری

عجب ار بگذری و جان ببری

****

نگذری زانکه بس گرانباری

ز پر بار گران گرفتاری

****

خوردن و خفتن است عادت تو

بهره ات این است از سعادت تو

در یک حکایت کوتاه از گرانباری گناه و گرفتاری های دایم آدمیان پرده بر می دارد. سنایی انسان های غافل و کاهل را مورد خطاب قرار داده و بیان می دارد که با بار گران و آتشگیر، محال است از این کمند ها رهایی یافت. یعنی گناهان مانند هیزم مُحرقه بر دوش ادمیان است، در یک لحظه امکان حریق آن می رود و این حریق مربوط به اعمال من و توست که گریبان گیر می شود و این یک سناریوی انسان غافل و پُر از گناه در وادی جزا تلقی می شود.

چون انسان غافل به جز از خوردن و خفتن، دغدغه ای دیگر در سر ندارد و کاهلانه لگد بر سعادتش می زند. پس باید سبکبال بود، چون مرغ هوشیار از این دام های پهن شده پرید تا قُلعه های رفیع را درنوردید؛ ورنه بهره ای از سعادت در کار نخواهد بود.

خوردن و خفتن است عادت تو

بهره ات این است از سعادت تو

فصل فی الاکل (فصل فی الرزق)

از پی لقمه چه ترش و چه شور

تاکی این گفتگوی شیرین و شور

****

بر در این و آن چو سگ چه دوی

گرنه ای سگ چنین بتک چه دوی

****

بیش خوردن قوی کند گردن

لیک زیرک شوی ز کم خوردن

****

آفت علم و حکمت است شکم

هرکه را خورد بیش دانش کم

****

مرد باید که کم خورش باشد

تا درونش به پرورش باشد

****

هر چه پرسی ازو نکو داند

سرهای حقیقت او داند

****

فرخ آن که اختیار او همه سال

عمل صالح است و اکل حلال

****

هست به نزد من در این ایام

بینوا زیستن ز کسب حرام

****

لقمه ای کم خوری ز کسب حلال

به بود از آن عبادت ده سال

****

مرد باید که قوت جان جوید

هر چه گوید همه ز جان گوید

****

چونکه جان را ز عشق قوت بود

قوت از حی لایموت بود

****

ای عزیز این همه ذلیلی چیست

وی سبک روح این ثقیلی چیست

****

شکم از درد چارسو چه کنی

خویش را بندهٔ گلو چه کنی

****

نظر از کام و از گلو بگسل

هر چه آن نیست حق ازو بگسل

تا تو در بند آرزو باشی

زیر بار خسان دو تو باشی

****

چون تو آرزو نیاری روی

آرزو در پی ات کند تک و پوی

****

به حقیقت بدان که ایزد فرد

در ازل روزی ات مقدر کرد

****

آنکه جان آفرید روزی داد

شور بختی و نیک روزی داد

****

روزی از وی طلب نه از مکسب

از فلک جوی مدار از نخشب

****

غم روزی مخور که خود برسد

به خردمند و بیخرد برسد

****

روزی خود بزیر چرخ کبود

نتواند کسی به جهد افزود

****

پیش هر ناکس و خسیس و بخیل

از پی نان مباش خوار و ذلیل

خویش را آفتاب سایه نمای

همچو کیوان بلند پایه نمای

****

تن مپرور که جای او گورست

خورش کرم و روزی مور است

****

روح پرور اگر خرد داری

هان و هان ضایعش بنگذاری

****

چونکه آن دم به وقت کار آید

روح باشد که در شمار آید

****

روح نوریست از ولایت پاک

که تعلق گرفت با این خاک

****

پرتو نور فیض ربانیست

گر چه محبوس جسم ظلمانیست

در این فصل از زیاد خوردن و آشامیدن طرح مسئله شده و یا به تعبیری از شکم پروری ها و پرخوری ها، آن هم از راه حرام تذکر رفته و عارف همه ی موارد را نکبت آور و مذموم می شمارد.

به تعقیب آن از برتری روح سخن به میان آمده، و می توان گفت عارف از این حیث، تلویحاً با «معاد روحانی» بر سر مِهر بوده و در اینجا اساس را بر این نگرش استوار کرده است:

چونکه آن دم به وقت کار آید

روح باشد که در شمار آید

سنائی با تأملات زاهدانه و صوفیانه اش کم خوری و توجه به مسایل روحی را توصیه می کند. وی خوراکِ اندک اما حلال را روح پرور جسم خاکی می داند. چون توجه نفسانی آرزوهای بی حد و حصر را بوجود می آورد، عمر انسان را برای رسیدن به آن، عبث می سازد. وی نقش جسم خاکی را در مقابل روح معنوی پائین تر می شمرد و هر آنچه از هوای جسمانی خورد و نوش غیر متعارف باشد (نه به حد نیاز)، بکلی رد می کند.

روح نوریست زان ولایت پاک

که تعلق گرفت با این خاک

اما ایشان مانند فلاسفه اسلامی و عرفا، روح را در این دنیا در بند جسم اسیر می انگارد و منبع این روح را این جهانی نمی داند، بلکه نشأت گرفته از جای دیگری می داند. از این منظر، سنائی مانند دکارت می اندیشد و به دوالیسم روح و جسم باور دارد:

پرتو نور فیض ربانیست

گر چه محبوس جسم ظلمانیست

حکیم غزنه معتقد به این است که «روزی» از جانب خداوند (ج) مقدر است. برای عارف این امر خیلی واضح است که انسان به خاطر لقمه نانی و زیاده خواهی های

نفسانی از چه دایره هایی که عبور کرده می تواند و به تبع آن چه مظالمی که بر ضعیفان میتواند روا دارد.

مانند کثیری از مسلمانان، او نیز به این امر ایمان داشت، الله متعال منحیث روزی دهنده واقعی انسان ها محسوب می شود و در این خصوص باید به او تعالی توکل کرد، زیرا با توجه به طبیعت و چگونگی بقاِ حیات و زنده جان ها در دنیا، این باور به یقین کامل مبدل می شود.

بنابراین، عارف فرزانه شاید تلاش کرده تا از توجه حریصانه و طمع ورزی های آدمی را بکاهد که باعث انتظار چشمداشت از ناکسان می گردد، ورنه کسب روزی مناسب و حلال را شایسته انسان های فرهیخته دانسته و آن را از عبادات ظاهری برتر می نشاند. به همین منظور در جائی به آن اشاره کرده است:

لقمه ای کم خوری ز کسب حلال

بِه بود از آن عبادت ده سال

یَسئلُونَکَ عَنِ الُروحِ قُل الرُوحُ مِن أمرِ ربیِ

در کلام مجید ایزد فرد

امر گفت آن چنانکه یادش کرد

****

تو به حرص و حسد میالایش

به خصال حمیده آرایش

****

با سگ و خوک همنشین مکنش

با رفیقان بد قرین مکنش

****

چون کند مرگ از همه دورت

و افکند پشت بر کو گورت

****

بود او محرم حضور آمد

در نیاید به تنگ نای لحد

****

هست اینجا برای قوت قوت

بازگشتش به عالم ملکوت

****

چار عنصر چو در شمار آید

تن مرکب از این چهار آید

****

جان چو از تن مفارقت جوید

هر یکی سوی اصل خود پوید

****

آنچه از هستی اش نشان ماند

جان بود جان که جاودان ماند

****

قفس پنج حس را بشکن

مرغ جان را ازو برون افکن

باز را در قفس چه کار بود

جای او دست شهریار بود

****

زین نشیمن گهش برون انداز

تاکند در هوای او پرواز

چون در مثنوی قبلی از «روح» سخن رفت، شاعر مجدداً غرض باز نمودن بیشتر موضوع، با استناد به آیات مبارکه قرآن مجید، تعریف جامع از آن بدست می دهد. به همین منظور، سنایی معتقد است که این گوهر گرانبها (روح) را به حرص و هوس نباید عجین ساخت، برعکس، باید با فضایل حمیده قرینش کرد. ایشان با تمثیل زیبای «قفس و باز» می خواهد بگوید، برای پرورش روح، تلاش شود زمینه و زمانه برایش مهیا شود تا از این همه ای بند و بست های دنیا بر حذر گردد.

باز را در قفس چه کار بود

جای او دست شهریار بود

سنائی کوشش کرده در پرتو روشنایی آیات مبارکه و تأملات صوفیانه اش، تا جائی که ممکن بوده و الفاظ ایجاب می کرد، رابطه «روح و جسم» و چگونگی تعامل آن دو را بیان نماید؛ البته باز هم مسایل اخلاقی و دنیا گریزی در این اشعار کماکان جلوه گر است.

فصل فی خطابِ الشمس: والشَمسِ و ضُحاهَا وَ القَمَرِ إذا تَلاهَا

ای خطاب تو نیز اعظم

ای خضر کسوف مسیحا دم

ای فریدون خطهٔ اعلی

بی نصیب از تو دیدهٔ اعمی

****

چون نمایی به صبح رایت نور

خیل ضحاک شب شود مقهور

****

در حجاب تو اختران یکسر

اندرین هفت منظر اخضر

****

دو وشاقند بسته دردو وثاق

بر میان بهر بندگیت نطاق

****

هم قمر پرده دار ایوانت

هم عطارد دبیر دیوانت

****

از پی بزم توست خیناگر

در سیم قصر زهره ازهر

****

بسته پیشت کمر به سرهنگی

والی عقرب آن یل جنگی

****

سعد اکبر عیال انعامت

راهب پیر حارس بامت

تو که در هفت کشوری خسرو

شهسواری و لیک تنها رو

****

دار مُلک تو کشور چارم

بام قصر تو نجمش طارم

****

ای مسلم تو را سحر خیزی

هر سحر چون ز خواب بر خیزی

****

سر ز بالین شرق بر داری

دامن و جیب پر ز زر داری

****

پس کنی در جهان زر افشانی

بر فقیر و توانگر افشانی

****

چون زنی بر جهان سرا پرده

بندی از نور در هوا پرده

****

در هوا ذره را کنی تعریف

بدن خاک را دهی تشریف

****

چون در آیی به بارگاه حمل

بنمائی هزار گونه عمل

زیور حُسن بر جهان بندی

نقش دیبای گلستان بندی

****

برقع از روی غنچه بگشایی

چهرهٔ یاسمن بیارایی

****

در چمن سبزه تازه روی شود

گلستان پر ز گفتگوی شود

****

قدح لاله پر شراب کنی

عارض ارغوان خضاب کنی

****

چون کنی یک نظر تو در معدن

خاک گردد به جوهر آبستن

****

در رحم جنبش جنین از توست

ماه را پرتو جبین از توست

****

تو رسانی همی به هفت اقلیم

از هزاران هزار گونه نعیم

****

در نظر شاهد ملیح تویی

بر فلک همدم مسیح تویی

یوسف مصر آسمانی تو

کد خدای همه جهانی تو

****

آیت عزت که صانع عالم

بر وجود تو یاد کرد قسم

****

مردم چشم عالمی به درست

که جهان سر بسر منیر از توست

****

با وجود تو ای جهان آرای

از چه رو اندرین سپنج سرای

****

روز من خسته تیره فام بود

صبح بر چشم من حرام بود

****

چیست جرمم چه کرده ام باری

که نهی هر دمم ز نو خاری

****

مژهٔ من ز موج خون جگر

همچو دامان ابر داری تر

****

چون منی را چنین حزین داری

با غم و غصه همنشین داری

عادت چون تویی چنین باشد

جگرم خون کنی همین باشد

****

نه خطا گفتم از تو این ناید

چون تو مهری ز مهر کین ناید

****

این همه جور دور گردون است

اوکند اینچنین که او دون است

****

نه منم اینچنین بدین آیین

خسته و مستمند و زار و حزین

****

عالمی را همی چنین بینی

همه را با عنان قرین بینی

****

گشته از حادثات دور فلک

سینه شان پر ز خون ز جور فلک

****

در جهان هرکه بینی از که و مِه

همه در بند آنکه فردا به

****

همه را بر امید بوک و مگر

عمر بگذشت و روز روز بتر

شاعر در مورد آفتاب از دریچه علم نجوم و عرفان و متکی بر بعضی آیات قرآن مجید سخن های فراوانی دارد که در مخیله آسان نمی گنجد. سنائی به باز تعریف و جایگاه آفتاب چنان اوج می گیرد تو گویی معشوقش را در چهره آفتاب دیده است. ولی نا گفته نباید گذاشت اینکه، وی بسیار به نکات ظریف و لطیفی عنایت داشته و کلماتش پُر از حکمت است.

آفتاب که بر شاه و گدا می تابد و همنشین عیسی و کلیم بوده تا خاتم النبیین، یا اینکه آدمی چقدر در معرض شعاع آفتاب خود را قرار می دهد، به همان اندازه از آن مستفید می گردد، اندرزهای ستُرگی است.

پس کنی در جهان زر افشانی

بر فقیر و توانگر افشانی

مورد دیگر، نیازمندی و رنگ گرفتن گیاهان از شمس و تابیدن بر معدن است، در این تمثیل نیازمندی عاشق و معشوق به تصویر کشیده شده است. سنائی با علم زمانه و تاریخ عرب و عجم و آگاهی از قرآن، به این بحر چنان موج سواری می کند که آدمی به حیرت می رود؛ جائی که می گوید:

آیت عزت که صانع عالم

بر وجود تو یاد کرد قسم

منظور همین سوگند به آفتاب است (وَالشَّمْسِ وَضُحَاهَا وَالْقَمَرِ إِذَا تَلاهَا)[1] و منظور از قسم اهم جلوه دادن آفتاب و نقش پر رنگش برای حیات بشری می باشد. امروزه منظومه شمسی به دلیل کشفیات و انکشافات تکنولوژیک، بهتر معرفی شده و تا حدودی از کم و کیف آن آگاهی داریم.

---

[1] آیات اول و دوم سوره شمس، قرآن مجید

به همین ترتیب، در هر جای از کتاب الهی که در مورد طبیعت سخن رفته، توجه آدمیان را به رحمت خداوندی و چگونگی خلقت معطوف می دارد. مانند ابرها و آب به واسطه آن زمینه حیات را بوجود می آورد. یعنی در اینجا نشانه های خداوند در آفاق مد نظر می باشد.

سنائی گذر عمر و زمان را دریک گفتگوی عارفانه توأم با راز و شکوه ها با شمس، خیلی خوب تمثیل نموده و از جور گردون به آفتاب شکایت برده و همچنان موضوعات در خور تعمق دیگر را تبیین کرده است.

گشته از حادثات دور فلک

سینه شان پر ز خون ز جور فلک

سخن آخر اینکه وی دل پُر از جور روزگار و غم اغیار داشته، و از عشق سینه چاک، گله پیش آفتاب می برد. ایشان در اینجا مانند شیخ شهاب الدین سهروردی با استفاده از تخیل و سر صحبت با نور و آفتاب، گره های دل را یکی پس دیگری می گشاید. سهروردی در آثارش از چنین روشی استفاده نموده تا از ملامت و تکفیر دون اندیشان در امان بماند، اما متأسفانه در همان جوانی و قبل از رسیدن به سن میان سالی و پخته گی، به زندان افکنده شد و به گواه تاریخ در همان جا به قتل رسید.

به هر صورت در بسا ادوار تاریخ بشری، افراد اندیشمندیکه تفکراتشان با سنت زمان همسو نبوده، در چنین تنگناهایی قرار گرفته اند و بعضاً کوشش کرده اند تا در لایحه های کلام و یا مثال، هم وفا به عهد کنند و هم می خواستند وظیفه خود را در قبال وجدان بیدار شان جهت انتقال پیام ها به دیگران انجام دهند.

نمونه دیگر از این نوع رفتارهای مناسب در غرب و در زمان حاکمیت کلیسا را هم شاهد هستیم، حتی خیلی دیر تر افرادی چون «دکارت» نیز از این روش ها استفاده کرده است. بخاطر اینکه دکارت دانشمندان دگر اندیشی چون «جوردانو برونو» را دیده که او را به جرم تکفیر زنده زنده در آتش سوزانده اند. چنین رویکردی را میتوان

به وضوح در آثار این طیفی از دانشمندان دید. گرچه دکارت در تأملات شش گانه اش خیلی صریح و بی پرده سخن می گوید که مخالف نظر سنت گرایان وقت بود، اما آن دست نامرئی ارباب کلیسا در پس پشت اندیشه هایش کاملاً هویدا است. منظور اینکه اندیشه های دانشمندان و فلاسفه و حکیمان را باید در برخورد زمان و مکان زیسته شان مورد بررسی قرار داد.

باری، به این ترتیب، سنائی هم پیام های خود را تا جائی که ممکن بوده رسانیده، مخصوصاً اهل فن و قلم بر این امر بیشتر ملتفت هستند و همچنان به نحوی وظیفه اخلاقی اش را در قبال جامعه و دیگران ادا کرده است.

فصل فی ذمِ الظلم

کار بر خاص و عام شد مشکل

غصه دارند این و آن حاصل

****

رفت کار جهانیان ز نسق

گشت یکباره مُلک بی رونق

****

کرد بنیاد ملک ظلم خراب

رفت خورشید عدل زیر حجاب

****

چرخ منسوخ کرد آیت عدل

سرنگون گشت باز رایت عدل

****

معدلت اندرین زمانه شوم

شد چو سیمرغ و کیمیا معدوم

****

نیست انصاف در ولایت ما

دل ما خون شداز حکایت ما

****

بود در عهد ما شهی کافر

نام او در جهان به عدل سمر

****

سایهٔ عدل بر جهان گسترد

خلق را در خط امان آورد

****

ملک خود را به عدل کرد آباد

کآفرین بر شهان عادل باد

****

مهربان بود بر رعیت خود

از برای صلاح دولت خود

****

در پناهش رعیت آسوده

ده به داد و دهش بیفزوده

****

ایزدش عز این جهانی داد

مدتی دیر زندگانی داد

روزگاری جهانگ شایی کرد

کامرانی و پادشاهی کرد

این اشعار سنائی در حال و احوال خاصی سروده شده، گاه از خوشی و سرور می گوید گاه گله از روزگار، گاه عاشقانه اوج می گیرد گاه گفتارش دُر کمیاب و حکمتش بسیار، گاه از مرگ می گوید و گاهی از عقل، گاه از عالم و آدم، گاه از دونی دیر. همه عاشقانه است و غم زمانه.

سنایی در اینجا کاملاً صدایی رسا دارد در مقابل جبر جباران و ظلم ظالمان قد علم کرده و می گوید، ظلم بنیاد عدل را خراب می کند.

کرد بنیاد ملک ظلم خراب

رفت خورشید عدل زیر حجاب

او با انتقاد و اعتراض اجتماعی و سیاسی روزگار خویش می پردازد وهیچ باکی از این ندارد که نقد اجتماعی و سیاسی داشته باشد؛ او از بی انصافی زمانه و دیارش پرده بر می دارد:

نیست انصاف در ولایت ما

دل ما خون شد از حکایت ما

شخصی چون سنائی، روزگاری یکی از مداحان دربار بود، حالا دیگر تحمل خاموش ماندن را ندارد و با قلم و تفکر، منتقد سر سخت حُکام زمانش می گردد. اینجا سنائی تعمیل واقعی «امر باالمعروف و نهی از منکر» را به منصه اجرا میگذارد. چون برداشت اکثر ما مسلمانان چه در گذشته و حتی در روزگار کنونی از مفهوم «امر به معروف و نهی از منکر» وارونه بوده است.

بدین مفهوم که در حکومت داری اسلامی این امر(امر به معروف و نهی از منکر) در حیطه صلاحیت سلطان و حاکم میباشد. اما منظور قرآنی برعکس آن است، یعنی در

صورت دیدن منکر (ظلم و بی عدالتی) این از وظایف رأیت (حکومت شوندگان) نیز است تا جلو آنان (حکومت کنندگان) ظالم را بگیرند. در ارشادات پیامبر اکرم (ص) نیز بر همین امر اتکا شده و همان حدیث شریف مشهور که پادشاه ظالم (یا هر منکر دیگری) را باید با دست، بعداً زبان (به معروف) کشانید و اخرش که با قلب میباشد، ضعیف ترین درجه ایمان تلقی شده، حکایت از همین بحث را در خود دارد. بر همین منوال موضع گیری های خلفای راشدین حضرت عمر (رض) به مردم و والیان و یا سفارشات حضرت علی (رض) به مالک اشتر، در مورد تعمیم دادن واقعی امر باالمعروف و نهی عن المنکر مطابق ارشادات دینی، همه صحه ی است بر مدعای ما، یعنی آن بزرگواران از مفهوم این آیه بخوبی بهره برداری کرده بودند. اما متأسفانه این امر مهم در طول تاریخ به شکل واژگونه به خُورد ملت ها داده شده است.

از منظر فلسفه سیاسی سنائی، «عدالت» اصل است، او شاهان عادل کافر را به شاهان مسلمان غیر عادل و ظالم طوری که قبلا نیز بیان شد، نمی فروشد. وی در این مثنوی از شاه عادل که عدلش در زمین گسترش یافته بود بخوبی و حُسن یاد می کند.

ملک خود را به عدل کرد آباد

کآفرین بر شهان عادل باد

دلیل اینکه از این شاه عادل کافر به تجلیل یاد می کند، چون بالای رعیت خویش مهربان بوده و صلاح دولت خویش را در امنیت، اصلاحات و رعیت مداری می جست. به همین سبب خداوند بخشاینده، برایش عزت و عمری داد و چه بسا که جهانگشای عادل شد. حالا این مهم نیست این شاه عادل کی و چه کسی بود، مهم عدالت و رعیت مداری چنین حاکمان است، زیرا در نزد سنایی، اصل برای حکومت داری همان «عدالت» و توجه به خلق الله میباشد.

سنائی از جمله ای نخستین عارفان است که موضوعات سیاسی و اجتماعی را در قالب اشعار گنجانیده و در این زمینه هیچ نوع کوتاهی ننموده است. چون به نحوی خود زمانی در داخل چنین نظام های سیاسی بود و به دربار نزدیک بود. وی در کنار آگاهی داشتن از نحوه حکومت داری ها، به همان پیمانه تأثیرات سخن و انتقاداتش بالای حاکمیت از هر شخصی دیگری بیشتر و موثر تر بود.

گرچه نمی شود سنائی را شاعر سیاسی خواند، اما او مسایل مهم دولت داری را در چارچوب اخلاقیات و حکمت نگریسته و برای اصلاح آن گام های بُلندی برداشته است.

المُلک یَبقی مَعَ الکُفر وَلایَبقی مَعَ الظُلم

بازدیدم که ظالمان بودند

در جهان هفته ای نیاسودند

****

زانکه او ظالم و مسلمان بود

خلق عاجز، خدای نا خشنود

****

چشم دل بازکن ز روی یقین

ظلم حجاج و عدل کسری بین

****

آن یکی کافر و پسندیده

وین مسلمان ولی نکوهیده

****

ظلم از هرکه هست نیک بد است

وانکه او ظالم است نیک بد است

****

هر کجا عدل روی بنمودست

نعمت اندر جهان بیفزودست

****

هر کجا ظلم رخت افکنده است

مملکت را ز بیخ برکنده است

****

عدل بازوی شه قوی دارد

قامت ملک مستوی دارد

****

عدل شمعی بود جهان افروز

ظلم شه آتشی ممالک سوز

****

رخنه در پادشاهی آرد ظلم

در ممالک تباهی آرد ظلم

****

شه چو ظالم بود نپاید دیر

زود گردد برو مخالف چیر

****

ظلم تا در جهان نهاد قدم

عافیت شد در آرزوی عدم

عدل تا سایه از جهان برداشت

خوشدلی رخت از این مکان برداشت

****

مادر خرمی عقیم شده است

غصه در سینه ها مقیم شده است

****

جگر اهل دل پر از خون شد

دل ارباب فضل محزون شد

****

در جهانی که هست کون و فساد

در کشیدند رخ صلاح و شداد

****

دور گردون نگر که چون دون شد

جنبش اختران دگرگون شد

****

برکشید آسمان لئیمان را

تیره کرد اختران کریمان را

****

این لئیمان که سر بر آوردند

عادت و رسم دیگر آوردند

****

همه از دانش است دعویشان

لیک بی دانشی است معنیشان

علمشان بهر فتنه انگیزی است

فضلشان از برای خونریزی است

****

بوی گند آید از فضایلشان

دیو بگریزد از شمایلشا ن

****

خویشتن ناشناس و بی ادبند

همه آزار خلق را سببند

****

آنچه بینی که مشتری نظرند

گه زکیوان نحس نحس ترند

****

هم زبانشان ز فحش آموده

هم درونشان به خبث آلوده

****

عالمی پر ز دیو و دد بینی

جمله مست شراب خود بینی

****

تو چه گوئی چنانکه ایشانند

بکن اندیشه نا مسلمانند

****

این گروه دگر که مظلومند

اندرین روزگار محرومند

همه سرکشته و پریشانند

خسته تیغ ظلم ایشانند

****

آهشان سوخت سقف گردون را

اشکشان دجله ساخت هامون را

****

عجب ارامشان اثر نکند

دود دلشان جهان سقر نکند

****

هست آن را که هست نادانتر

کار او از همه به سامانتر

****

وآنکه داند که دین دنیا چیست

یکنفس خود نمی تواند زیست

در دو عنوان قبلی یکی در مورد پادشاه ظالم و دیگر حاکم عادل سخن گفته شد و دیدگاه سیاسی اجتماعی سنائی در این دو مورد دیده شد اینکه این حکیم کدام اصل ها را برای حکومت داری خوب بر شمرده است. در این عنوان لُب و لباب صحبت او این است، پادشاه کافرِ عادل بهتر است از پادشاه مسلمان ظالم، چیزی که در روزگار کنونی هم زیاد دیده می شود و بر همین مبنا او سخن می راند:

زانکه او ظالم و مسلمان بود

خلق عاجز، خدای ناخشنود

****

چشم دل باز کن ز روی یقین

ظلم حجاج و عدل کسری بین

در ادامه می آورد، جای که ظلم باشد بیخ و بُن مملکت برکنده می شود، ولی برعکس، با عدل نعمت ها فراون می شود. حال این حکام می شود انوشیروان باشد یا نجاشی و یا حضرت عمر (رض) و دیگران در عدل؛ طرف دیگر می شود هیتلر باشد یا موسیلینی و یا هم سایر دیکتاتورهای قرن بیستم و بیست و یکمی جهان در ظلم و بیداد و بی عدالتی. چون مبنای یک نظام سالم بر عدالت استوار است، پس بدون عدالت هیچ ملکی راه بجایی نمی برد.

یعنی در نظر سنایی عدالت بالاتر از عقیده می نشیند. چون این موضوع بیشتر جنبه اخلاقی دارد تا دیدگاه فقهی. از این حیث سنائی را میشود در زمره معلمان اخلاق مزین بر معرفت دینی انگاشت. اگر چه تحصیلات و تعلیمات این حکیم از فقه گرفته، تا تفسیر و سایر علوم دینی و به موازات آن از فلسفه ای مشایی گرفته تا سیاست و نجوم، همه در شعرش نمایان است، به همین سبب اشعارش در موارد مختلف سروده شده ارجح است.

زیرا از دید فقیهان، اصل بر مسلمان بودن حاکم در جامعه اسلامی است و حاکم در کشور اسلامی باید اولاً مسلمان باشد، اعمال و رفتارش در سنجه ای جداگانه گذاشته می شود، و از این جهت موضوعات عدالت و ظلم ذیل این امر مورد توجه قرار می گیرد. بدین مفهوم عدالت به همان اندازه در نزد اخلاق گرایان مهم است تا مسلمان بودن فرد حاکم و یا شاه در نزد فقیهان و مجتهدین در جامعه اسلامی.

به سبب همین دیدگاه، اصل و اساس حاکم و حکومت کنندگان بر مسلمان بودن است و حتی امروزه در قوانین اکثر کشور های اسلامی شرایط ریاست جمهوری را از همه اولتر در مسلمان بودن فرد کاندیدا می داند. مسائل عدالت و ظلم اهم است اما آن زمان که حاکم شروع به حکومت داری کند، آنگاهست که مورد سنجش قرار می

گیرد و دیده خواهد شد این حاکم چقدر عادل است یا نیست، بعداً به آن پرداخته می شود. پس در اکثراً جوامع اسلامی حاکم کافر ولو عادل نیز باشد، پذیرفتنی نیست، مگر در نظام های سکولار. دقیقاً این موضوع در مقابل نظریه سنائی در مثنوی فوق می نشیند.

در تعریف عدل که در مقابل ظلم قرار می گیرد، یک نکته اساسی از بُعد «درونی دینی و بیرونی دینی» مطرح می شود. از نظر سنائی، عدل توأم است با خوشدلی و خوشی، فقدان این مهم در یک جامعه غم و بدبختی را به بار می آورد.

عدل تا سایه از جهان برداشت

خوشدلی رخت از این مکان برداشت

چون عدم عدل، ظلم را به بار می آورد و ظلم بجز از بدبختی و غم، چیزی دیگری به همراه ندارد و این موضوع اثرات بس مُهلکی را بر پیکر جوامع از بعد روانشناسانه و اجتماعی وارد می سازد. زمانیکه از شاه ظالم سخن می رود، در واقع عارف تلویجاً در مورد حاکمان مستبد ددمنش زمانش نیز سخن گفته است.

همان طوریکه در مورد سنائی غزنوی تذکره نویسان آورده اند، جرأت اخلاقی او در قبال مسایل سیاسی و اجتماعی روزگارش قابل تأمل است و این را می رساند که این عارف، چقدر به انتقادات سالم بخاطر منعکس ساختن درد جامعه اعتقاد داشت و تقلا می ورزید. او همه ی خطراتی ناشی از این مجادله را به جان خریده بود و حتی بخاطر چنین موضع گیری های تندش، حاکمان گاهاً با او میانه خوبی نداشتند و به همین دلیل، بیشتر حواریون حکومت در مقابلش می ایستادند و از این ناحیه در زندگی شخصی و اجتماعی او لطمه وارد می شد. اما او با عزم راسخ هیچ گاهی بخاطر متاع و عزت ظاهری دنیا، دست از انتقاد نکشید و پی مقام و منصبی نرفت، او در جای دیگر چنین می سراید:

من در این غصه جان همی کاهم

منصب این جهان نمی خواهم

فصل فی ختم الکتاب

ای دریغا که در زمانه ما

هزل باید به کارخانه ما

****

هزل را خواستگار در کار است

ز نخ و ریشخند بسیار است

****

میل ایشان به هزل بیشتر است

هزل آلحق ز جد عزیز تر است

****

مرد را هزل زی گناه برد

جد سوی عالم اله برد

****

چون تو جد یافتی ببُر از هزل

تا از آن مملکت نباشی عزل

****

من چو زین شیوه رخ نتافته ام

هر چه کردم طلب بیافته ام

****

از ره هزل پی برون بردم

تختهٔ دل ز هزل بستُردم

****

پس بر او نقش جد نگاشته ام

علم عشق بر فراشته ام

****

اندرین کارنامه عصمت

بسته ام نقش خانه عصمت

****

بس گهر که آن فشاندم از سر کلک

در معنی کشیدم اندر سلک

****

این سخن تحفه ایست ربانی

رمز و اسرارهای روحانی

****

سخن از آسمان بلند تر است

تا نگویی که نظم مختصر است

****

لفظ او شرح رمز و اسرار است

رمز او شمع روح ابرار است

****

نظم نغزش ز نکته و امثال

سِحر مطلق ولی مباح و حلال

بوستانی است پر گل و نسترین

آسمانی است پر مه و پروین

****

مونس عاشقان حضرت حق

قائد طالبان قدرت حق

****

اهل دل کاین سخن فرو خوانند

آستین از جهان بر افشانند

****

خاطر ناقصم چو کامل شد

به سخنهای بِکر حامل شد

****

هر نفس شاهدی دگر زاید

هر یک از یک شگرف تر زاید

****

شاهدانی به چهره چو هلال

در حجاب حروف زهره جمال

****

آن چه بینی که من ترش رویم

کز غنا پر ز چین شد ابرویم

****

سخنم بین چه نغز و شیرین است

منتظم همچو عقد پروین است

صورت من اگر چه مختصرست

صفتم بین که عالم هنرست

****

مهر و مه بنده ضمیر منند

عاشق خاطر منیر منند

****

من چو شمعم که مجلس افروزم

رشتهٔ جان خود همی سوزم

****

شمع کردار بر لگن سوزان

روشن از من جهان و من سوزان

****

نیستم در سخن عیال کسی

نپرم من به پر و بال کسی

****

تو چه دانی چه خون دل خوردم

تا من این را به نظم آوردم

****

فکرم القصه حق گذاری کرد

اندرین نظم جان سپاری کرد

****

پانصد و بیست و هشت آخر سال

بود کاین نظم نغز یافت کمال

در جهان زین سخن بدین آیین

کامل و نغز و شاهد و شیرین

****

جز سنایی دگر نگفت کسی

اینچنین گوهری نسفت کسی

****

هست معنیش اندرون حجاب

چون عروس ز مشک بسته نقاب

****

شه خانرا که فخر هر طرفست

در جهانش بدین سخن شرفست

****

در مقامی که این سخن خوانند

عقل و جان سحر مطلقش دانند

****

خاکیان جان نثار او سازند

قدسیان خرقه ها در اندازند

****

این زمان بهر عزت و تمکین

جبرئیل از فلک کند تحسین

****

ختم این نظم بر سعادت باد

زد نفس دم به دم زیادت باد

سنائی در خاتمه این مجموعه، از یک شیوه بخصوص ادبی و کلامی بخاطر نشان دادن خاکساری و افتادگی اش استفاده نموده است.

چون این مثنوی (طریق التحقیق) حاوی پند و اندرز و حکمت های فراوان است، بخاطر تاثیر گذاری بیشتر از لغت «هزل» اسم برده است. گرچه این لغت عموماً در ظاهر یک واژه رکیک محسوب می شود و کمتر مورد استفاده قرار می گیرد. اما هزل در لغت «خلاف ادب و بی پرده گفتن از روابط جنسی و یا تمایل جنسی سخن گفته می شود و در مقابل جد، پند و حکمت قرار می گیرد و درشت تر از طنز و هجو می باشد». ولی بعدها جلال الدین رومی، اصفهانی، ایرج میرزا و دیگران نیز هزل گفته اند.

عده ای را نظر بر این است که سنائی از اولین کسانی بود هزل را به منظور نو آوری، در شعر گنجاند، همانطوری که قبلاً گفته شد، او یک عارف و شاعر تجدد گرا بود و اگر هزل هم گفته از منظر عرفانی بوده، چون بیشتر نتیجه اخلاقی و اجتماعی و جنبه های تنبیهی آنرا مد نظر داشت. مولانا منحیث تداوم دهنده راه سنایی، در مورد هزل چنین دیدگاهی دارد:

هزل تعلیم است آن را جِد شنو

تو مشو بر ظاهر هزلش گرو[1]

و یا خود سنائی در این رابطه می گوید:

هزل من هزل نیست تعلیم است

بیت من بیت نیست اقلیم است

[1] مثنوی معنوی مولانا رومی، دفتر چهارم

در کنار این، سنائی «هجو» هم می سرود، وی جهت انتقال مطالب و موضوعات مختلف، عمداً از این طریق استفاده اعظمی کرده است.

به هر صورت، سنایی غزنوی در شروع مثنوی از هزل صحبت کرده و شرایط آنرا توضیح داده است. متعاقباً می گوید این مجموعه (مثنوی طریق التحقیق) در کُل عشق است و تحفه ربانی و اسرار روحانی؛ به نحوی آن را صورتگر رمز و رازها قلمداد نموده است. به همین سبب، نویسنده این سطور عنوان این نوشتار را از این ابیات سنایی اقتباس کرده و آنرا «صورتگر رمز و اسرار معنوی» نام نهاده است.

این سخن تحفه ایست ربانی

رمز و اسرارهای روحانی

سنائی سخنانش را بِکر و مؤنس عارفان و فهمش را برای اهل دل می داند. او میگوید معنی ظاهری این مثنوی را از منِ ترش روی سراغ نگیرید، بلکه به هنرم نگریسته و توجه به معانی نغز آن داشته باشید.

صورت من اگر چه مختصرست

صفتم بین که عالم هنرست

سنایی همچنان صفت این مجموعه را رشته جان و مغز استخوانش می خواند و اضافه می کند، هر آنچه در این مثنوی است، از من است، زیرا مقلد نیستم و به پر و بال خودم پرواز می کنم:

نیستم در سخن عیال کسی

نپرم من به پر و بال کسی

در قسمت اخیر این اشعار، تاریخ تکمیل شدن این مجموعه را صراحتاً «۵۲۸» آورده و اشعار خود را گوهر نغز و خوش خوان می گوید. از این جهت، خودش خیلی از این

مجموعه راضی به نظر می رسد، زیرا آن را در حال و هوای خاصی سروده و آن مطالبِ را که در دل و ضمیر داشت، توانسته آنها را مفصلاً بیان نماید.

جز سنایی دگر نگفت کسی

اینچنین گوهری نسفت کسی

به هر صورت، در مقام معانی، معمولاً حجاب ها باید کناری زده شوند، تا مقصد اصلی همچو دُر از صدف بیرون آید؛ این نوع توانایی را می توان در سنائی سراغ کرفت. پس شرح و تفسیر این سخن نه در ظاهر، بلکه در باطن و از دید عرفانی و تصوفی دیندارانه نهفته و میسر است.

هست معنیش اندرون حجاب

چون عروس ز مشک بسته نقاب

مبتنی بر همین دلایل، صاحب این قلم در مقدمه تذکر داده، آنچه ناظر بر شرح و تفسیر هر چند مختصر در باب این مثنوی می بینید، همه بر اساس تأملات و برداشت های نویسنده از اشعار این حکیم می باشد؛ کما اینکه برداشت شما و یا هر شخص دیگری می تواند متفاوت باشد و این امر در ذات خود پذیرفتنی و موجه است.

در نتیجه، مقصد اصلی و اساسی از این نوشتار هم همین بود، تا این اثر گرانبهای سنایی غزنوی، بهتر و بیشتر به مشتاقان علم و فرهنگ معرفی شود. در این راه، مانند خود شاعر فرزانه، صاحب این قلم نیز با بال خود پریده و همه ناشی از تأملات و تدبرات دراز آهنگ معنوی نویسنده در طول این مدت یک سال و نیم می باشد. امید طرف توجه خوانندگان فرهیخته قرار گیرد.

به این ترتیب، غرض حُسن خاتمه بحث، با یک بیت پایانی از این مثنوی سنایی، نوشتار حاضر را پایان داده و به این ترتیب دفتر «رمز و اسرار روحانی» را عاشقانه می بندیم.

ختم این نظم بر سعادت باد

زد نفس دم به دم زیادت باد

پایان

منابع و مأخذ

۱ رومی، مولانا جلال الدین، تفسیر، نقد و تحلیل مثنوی.۱۳۶۶ توسط محمد تقی جعفری، تهران: اسلامی ۱۳۶۶

۲ سنائی، ابوالمجد مجدود ابن آدم، حدیقة الحقیقه به تصحیح و با مقدمه مریم حسینی. مرکز نشر دانشگاهی، تهران ۱۳۸۲

۳ سنائی، ابوالمجد مجدود این آدم، دیوان حکیم سنائی. به اهتمام مدرس رضوی. تهران چاپ هفتم ۱۳۸۸ انتشارات سنائی

۴ شفیعی کدکنی، محمد رضا ، در اقلیم روشنائی (تفسیر چند غزل از حکیم سنائی). انتشارات آگاه، چاپ پنجم ۱۳۸۸

۵ رضوی، مدرس. تعلیقات حدیقة الحقیقه؛ مؤسسه مطبوعاطی علمی، تهران.

۶ فروزانفر، بدیع الزمان؛ سخن و سخنوران، تهران: نشر زوار ۱۳۸۷

۷ سنائی غزنوی، ابوالمجد مجدود ابن آدم؛ به اهتمام حسین کوهی کرمانی، تهران: موسسه دانش «آفتاب» ۱۳۱۶

۸ سجادی، دکتر سید ضیاء الدین؛ نغمه گرِ حدیقه عرفان (گزیده اشعار سنائی) تهران: انتشاران سخن ۱۳۷۴

۹ سارتر، ژان پُل؛ هستی و نیستی (پدیده شناسی عالم هستی) ترجمه: عنایت الله شکیباپور، موسسه انتشارات شهریار.

۱۰ توله، اکهارت؛ نیروی زمان حال، مترجم: مسیحا برزگر: چاپ هشتم ۱۳۹۳

۱۱ طباطبائی، مصطفی حسینی؛ نقد آراء ابن سینا در الهیات، تهران: نشر ناشر ۱۳۶۱

۱۲ گولپینارلی، عبدالباقی؛ مولانا جلالدین (زندگانی، فلسفه، آثار و گزیده ای از آنها) مترجم: رفیق سبحانی ۱۳۷۵

۱۳ بازرگان، عبدالعلی؛ مجموعه آثار و مقالات، به کوشش امیر قربانی، ۱۳۹۵

۱۴ غزالی، ابو حامد محمد؛ کیمیای سعادت، مترجم: احمد آرام، تهران ۱۳۱۹

۱۵ انصاری، خواجه عبدالله؛ صد میدان، به کوشش: اکرم شفائی

۱۶ ملاصدرا، صدر المألهین محمد ابن ابراهیم، الشواهد الربوبیه، مترجم: دکتر جواد مصلح: تهران، نشر سروش ۱۳۶۶

۱۷ سینا، ابوعلی، رساله اضحویه در امر معاد؛ مترجم: سید حسین خدیوجم: تهران ۱۳۶۳

۱۸ شوپنهاور، آرتور؛ حکمت زندگی، ترجمه: محمد مبشری

۱۹ سهروردی، شیخ شهاب الدین یحیی؛ حکمۀ الاشراق، ترجمه و شرح دکترجعفر سجادی، انتشارات دانشگاه تهران

۲۰ غزالی، ابو حامد محمد؛ تهافُت الفلاسفه (تناقض گویی فیلسوفان) ترجمه: علی اصغرحلبی، تهران، جامی ۱۳۸۲

۲۱ غزالی، ابو حامد محمد؛ المنقذ من الضلال (اعترافات غزالی)، مترجم، زین الدین کیائی نژاد، تهران ۱۳۳۸

۲۲ علی انجینیر، اصغر، اقبال و بازسازی فکر دینی در اسلام، ترجمه: سید امیر موسوی زاهد، ترجمان

۲۳ سروش، دکتر عبدالکریم؛ اخلاق خدایان، تهران: انتشارات طرح نو ۱۳۸۴

۲۴ سروش، عبدالکریم، بسط تجربه نبوی، موسسه فرهنگی صراط ۱۳۸۵

۲۵ رائی، محسن؛ تأثیر نهج البلاغه در شعر فارسی، دانشگاه تهران ۱۳۷۵

۲۶ همایون، سرور: حکیم سنائی غزنوی و جهان بینی او، کابل، موسسه انتشارات بیهقی، ۱۳۵۶

۲۶ مایل هروی، رضا: سیر العباد الی المعاد حکیم سنائی غزنوی، انتشارات بیهقی، کابل ۱۳۵۶

۲۷ مؤذنی، محمد علی (به کوشش) طریقت التحقیق: تهران، موسسه انتشاراتی آیه ۱۳۸۰

۲۹ شفیعی کدکنی، محمد رضا: تازیانه های سلوک، نقد و تحلیل چند قصیده از حکیم سنائی، تهران، آگاه، ۱۳۷۲

۳۰ سنائی غزنوی، ابوالمجد مجدود ابن آدم: طریق التحقیق، شیراز، کتابفروسی جهان نما

۳۱ خلیلی، خلیل الله: احوال و آثار حکیم سنائی، کابل، موسسه انتشارات بیهقی، ۱۳۱۵

۳۲ پنجشیری، غلام صفدر: تأثیر قرآن در دیوان سنائی، کابل، پوهنتون کابل ۱۳۵۶

۳۳ بشیر، علی اصغر: سیری در ملک سنائی، کابل انتشارات بیهقی، ۱۳۵۶

۳۴ اوتاس، بو: مثنوی طریق التحقیق منسوب به حکیم سنائی، تهران، سروش، ۱۳۸۱

۳۵ نهج البلاغه مولا علی؛ ترجمه استاد حسین انصاریان، مرکز نشر دارالعرفان

۳۶- تفاسیر قرآن از طبری تا ، رازی، زحیلی، بازگان و شهرانی. (آیات از قرآن اخذ شده از این مفسران)

۳۷ بخاری، محمد ابن اسماعیل؛ صحیح البخاری، مترجم: عبدالعلی نور احراری، انتشارات احمد جام

۳۸ مینوی، مجتبی؛ اقبال لاهوری، بحث در احول و افکار او، چاپخانه مجلس، تهران، ۱۳۲۷

۳۹ بلخی، مولانا جلالدین محمد؛ مثنوی معنوی، به تصحیح رینولد نیکلسون

۴۰ بلخی، مولانا جلالدین محمد؛ دیوان شمس؛ به اهتمام و قلیم بدیع الزمان فروزانفر، امیرکبیر، ۱۳۷۶

۴۱ غزلیات شاه نعمت الله ولی، گنجور

۴۲ انصاری، خواجه عبدالله؛ مناجات نامه، به تصحیح محمد حماصیان، انتشارات کرمان، ۱۳۸۲

۴۳ عطار نیشابوری، فریدالدین ابو حامد محمد؛ منطق الطیر

۴۴ تذکرهٔ الاولیا عطار نیشابوری، گنجور

۴۵ جامی، نورالدین عبدالرحمن، هفت اورنگ، گنجور

۴۶ جامی، نورالدین عبدالرحمن؛ نفحات الانس، به تصحیح دکتر محمود عابدی

۴۷ عوفی، محمد؛ لباب الباب: با تصحیح ادوارد جی براون، با مقدمه محمد قزوینی، کمبریج ۱۳۲۴

۴۸ سنائی غزنوی، ابوالمجد مجدود ابن آدم؛ طریقت التحقیق، گردآورنده و کوشش عبدالواهاب و ملا علی صحاف کتابخانه مجلس ۱۳۰۲

۴۹ دکارت، رنه؛ تأملات در فلسفه اولی، ترجمه احمد احمدی، مرکز نشر دانشگاهی، ۱۳۹۷

۵۰ شوریده یی در غزنه، اندیشه ها و آثار حکیم سنایی، به کوشش محمود، علی اصغر محمد خانی، تهران، سخن: ۱۳۸۵

۵۱ بشیر، علی اصغر: سیری در ملک سنایی، کابل، مؤسسهٔ انتشارات بیهقی، میزان ۱۲۵۶

۵۲ احمد، نذیر، مکاتیب سنایی، انتشارات دانشگاه اسلامی علیگر هند؛ ۱۳۴۱

۵۳ دکارت، رنه؛ فلسفه دکارت، مترجم منوچهر صانعی دره بیدی، انتشارات بین المللی الهدی؛ ۱۳۷۶

۵۴ انصاری، خواجه عبدالله، به مناجات نامه پیر هرات، تنظیم شریف منصور؛ کابل

۵۵ جامی، نورالدین عبدالرحمن، تدوین علی مصطفوی، تهران ۱۳۸۶

۵۶ هایدگر، مارتین، فلسفه چیست؟ ، مترجم مجید مددی، آرش، استکهلم ۱۳۶۸

۵۷ بیهقی، محمدبن حسین، تاریخ بیهقی، جلد اول، به کوشش خلیل خطیب رهبر، تهران، مهتاب، ۱۳۸۳

۵۸ دهخدا، علی اکبر، لغت نامه دهخدا، جلد هشتم چاپ دوم از دوره جدید، تهران، مؤسسه انتشارات وچاپ دانشگاه تهران ۱۳۷۷

۵۹ جامی، نورالدین عبدالرحمن جامی، ، رساله منشأت، مصحح عبدالعلی نور احراری، احمد جام، ایران: ۱۳۸۳

۶۰ The Reconstruction of Religious Thought in Islam (1930) is Muhammad Iqbal'

۶۱ The map of Heaven. Alexander Eben, 2010

تعلیقات

الف: فهرست آیات و احادیث مبارکه

طوریکه نیک میدانند، در این کتاب مثنوی عناوین بعضی از اشعار، از قسمتی آیات و احادیث مبارکه اخذ شده و بعضاً گفتار بزرگان است، جهت معلومات مزید، در ذیل به ترتیب، شماره آیات و سوره ها غرض مراجعه به تکمله آیه ها تنظیم گردیده، تقدیم است:

۱. فهرست آیات

هُوَالأوَلُ وَالّآخِرُ وَآلظاّهِرُوَالباطِن، سوره حدید آیه ۳

لَیسَ کمِثلهُ شیُ و هُوالسَمیعُ البَصیر، سوره شوری، آیه ۱۱

وَالُذینَ جاهدُو أفینِا لُنُهدِینهُم سُبُلّنا، سوره عنکبوت، ۶۹

وَسَقاهُم رَبُهُم شراباً طُهوراً؛ سوره الانسان، ۲۱

فی مَقعدِ صِدقٍ عِندَ مَلیکٍ مُقتَدر؛ سوره القمر، ۵۵

أنما اَموالُکم واولادُکُم فِتنَه؛ سوره انفال، ۲۸

کُل نفَسٍ ذآئقةُ الموت ثُم اِلینا تُرجّعون؛ سوره عنکبوت، ۵۷

وَانَ عَلَیک اللعنهْ اِلی یومِ الدینِ؛ سوره الحجر، ۳۵

الذینَ یَذکرون الله قیاماً وقعُوداً وعَلی جُنوبِهِم؛ سوره آل عمران، ۱۹۱

اِنمَا اَمرُهُ لِ إذا أرادَ شیئاً أن یقُولَ لهُ کُن فَیَکُون؛ سوره یس، ۸۲

وَلَقد کَرَمنا بَنی آدم؛ سوره الإسرا، ۷۰

اَفَحَسبتُم اَنما خَلَقناکم عَبَثاً ؛ سوره المومنون، ۱۱۵

قالُوا اَتَجَعلُ فیِها من یُفسِدُ فیها ویَسفِکُ آلدِماَء؛ سوره بقره، ۳۰

کُل یومٍ هُو فی شأنٍ؛ سوره الرحمن، ۲۹

فَاستَقِم کما اُمِرتَ وَمَن تابَ مَعَکَ؛ سوره هود، ۱۱۲

اولئِک کالانعامِ بل هُم اَضَل اُولئِک هُم الغافِلون؛ سوره الاعراف ۱۷۹

خَسِر الدُنیا و الآخِرهْ ذلکَ هُوالخُسرانُ المُبین؛ سوره حج، ۱۱

وَان مِنکُم اِلا وارِدها کان علی ربکَ حَتماً مقِضیاً ؛ سوره مریم، ۷۱

و یَسئلُونَکَ عَنِ الرُوحِ قُل الروحُ مِن أمرِ ربی؛ سوره الإسرا، ۸۵

وَالشَمِس وَضُحاهاَ وَالقمَرِاِذا تَلاهَا؛ سوره شمس، آیات ۱-۲

۲. فهرست احادیث و اقوال برزگان

خِطَوتان وَقَد وُصِلَ؛

یَفعَلُ الله مایَشآءُ وَیَحُکم مایُرِیدُ؛

اولیآء الله لایمُوتونَ ولکِن یَنتَقِلون مِن دارٍ الِی دارٍ

لا تدرکه الاَبصار وهو یدرُک الابصار طلب الهدایهْ والتوفیقً عمل صالح

شَرف المؤمِن اِستِغنآؤه عَن اِلناس

اعداعدَوّکَ نَفسُکَ الّتی بینَ جَنبیک؛

کَما تُعیشُونَ تموتونَ وَکَما تَموتونَ تُحشِرونَ؛

دَع نَفسَکَ وَ تعال؛

مَن عَرَفَ نَفسه فَقَد عَرَفَ رَبه

ما رَاَیتُ شَیئاً اِلا وقَد رَاَیت الله فیه

اذا ارَادالله بقومٍ خَیراً ابتلاهُم

کَثرةُ الضحک تُمیتُ القلب

الوحدة خیر من جلِیس السوء والجلیس الصالح خیر من الوحده

المُلک یَبقی مَعَ الکُفر وَلایَبقی مَعَ الظُلم

اصطلاحات و واژگان عرفانی

غرض فهم بهتر موضوعات عرفانی و معنوی این کتاب، مختصراً بعضی اصطلاحات و واژه های که در این مجموعه و نوشتار به کار گرفته شده بود، گرد آوری گردید. در صورت عدم دریافت بعضی دیگر از این لغات و اصطلاحات، شما میتوانید به سایر کتب لغات و فرهنگ های ادبی و عرفانی فارسی نیز مراجعه فرمائید. اینها همه در ذیل به ترتیب حروف الفبا تنظیم و دسته بندی شده است:

آ

آفت: چیزی که سالک طریق را از سِیر معنوی باز دارد.

ابر: حجابی که پرده ای عبودیت و ربوبیت است.

آدم: مظهر ذات الهی.

ابرو: صفات از آن رو که حاجب ذات است و عالم وجود از آن جمال گیرد.

اهل دل: کسانی که از سَر گذشته اند و طالب سِرّ اند.

استغنا: بی نیازی و قطع علاقه از بهره‌های دنیا، بی تمایلی معشوق به عاشق برای بر انگیختن اشتیاق وی.

اشاره: خبر دادن از مراد بدون عبارت و الفاظ، ملتفت ساختن توام با صوت

انس: لذت بردن و آرام گرفتن روح و قلب به کمال و جمال.

ایام غم: روزگار بازماندگی و عقب افتادگی از سیر الی الله

ابرار: متوسطان در سلوک، یا عده ای از مردان خدا که در مرتبه بالا قرار دارد

ب

بلاء: غم، اندوه، آزمایش در نعمت یا محنت. امتحان حضرت دوست است که هرچقدر این بلا زیاد شود گویای قربت و نزدیکی او به حق است.

باز: روح و ارواح قدسی و نفس ناطقه ی انسانی

بام: محل تجلیات. بلندا

بری: پاک و مبری، پاک بودن از رذایل

بارقه: انواری که در اوائل کشف رخ می نماید و نمیی پاید.

باغ: جهان خرم روحانی.

بال: روشن شدن دل به واسطهٔ معارف حقیقی.

بت: ۱ـ مقصود و معشوق ۲ـ جسم و مادّه ۳ـ هوا و هوس ۴ـ نفس امّاره ۵ـ وحدت ۶ـ مظهر عشق که عشق همان حقیقت مطلقه است. ۷ـ انسان کامل و قطب زمان. مطابق کانتکس برداشت متفاوت است

بتخانه: ۱ـ عالم لاهوت که مقام وحدت کل است. ۲ـ مظهریت ذات احدیت.

بحر: ۱ـ مقام ذات و وحدت که کثرات امواج اویند. ۲ـ تجلیات ذاتی که موجب فناست.

بندگی: مقام تکلیف. در گرو کسی ماندن

بی‌خودی: ۱ـ حالت مستی و جذبه سالک ۲ـ فنا، از خود بی خبر شدن توأم با سرور و طلب

بیگانه: غیر سالک. نا خودی، اجنبی

پ

پاک بازی: توجه خالص

پرده: حاجب میان حق و بنده و مانع بین عاشق و معشوق، حجاب میان عبد ومعبود است. به مانع میان عاشق ومعشوق هم اشاره دارد.

پرتو: تجلّی

پریشانی: عالم تفرقه. عالم تشویش

ت

تسلیم: رها کردن تدبیر به اختیار خویش است و استقبال از قضا الهی به رضایت.

تجلّی: ۱ـ نور کشف که بر دل عارف ظاهر می‌گردد. ۲ـ فیض الهی.

تعلّق: علائق مادّی دنیوی.

توبه: اعراض از آن چه مانع وصول سالک به محبوب حقیقی است. بازگشت به اصل.

توفیق: جریان امور است بر وفق مراد و میل حق و حقیقت و فراهم آمدن اسباب کار است. توفیق موهبت الهی است که نصیب هر کس شود وی را به آنچه می‌خواهد میرساند.

توکل: متکی شدن به حق و از خود و خلق نظر برداشتن است. دلبستگی و اعتماد کامل است به پروردگار.

تجرید: رها شدن از همه تعلقات و وابستگی ها، جدا شدن از بند وبست های دنیا

ج

جرس زنگ: خطاب از قهر

جام: دل عارف سالک که مالامال از معرفت است

جان: ۱ـ روح انسان ۲ـ نَفَس رحمانی که تجلّی گستردهٔ حق است.

جلوه: انوار الهی که بر دل سالک تابیده او را شیدا می‌کند.

جور: بازداشتن سالک از سلوک که مایه خواری سالک است.

چ

چشم: ۱ -شهود حق، اعیان و استعداد هایشان را که در حقیقت صفت بصیری حق است. ۲ـ جمال.

چشمه: ۱ـ منبع فیض الهی ۲ـ قلب عارف کامل

چهره: تجلیات در حال غیبت سالک.

ح

حق: به معنی سزاوار و درست و واجب کری است. نامی است از اسماءالهی و نزد اهل تصوف ذات خداوند است. به معنای ثابت نیز آمده و همچنین مطابقت با واقعیت وحقیقت نیز هست. خداوند، به این اعتبار که تنها موجود حقیقی است.

حقیقت: امریکه بطور قطع ویقین ثابت شده باشد. از نظر صوفیه غیر خدا حق تعالی هیچ چیز و هیچ کس به یقین ثابت نیست پس حقیقت جز خدا نیست. ظهور ذات حق بی‌حجاب و تعینات که محو کثرات در اشعه انوار ذات را در پی دارد.

حال: واردات سالک که ناپایدار است.

حجاب: آن چه میان سالک و مقصودش که خداست، حائل است.

حُسن: ۱ـ آن چه موافق أمر الهی است. ۲ـ کمالات ذات احدیت.

حضور: ۱ـ غیبت از خلق و حضور در نزد حق ۲ـ مقام وحدت.

حیرت: سرگردانی است و در اصطلاح اهل دل امریست که بر فلب عارف وارد می‌شود هنگامی که در حالت تامل وتفکر هستند ومانع بر ادامه آن می‌گردد. واردی که بر دل عارف وارد می‌شود و او را از ادامه تأمّل و تفکّر باز می‌دارد.

خ

خاتم: سالک به کمال رسیده و قطع طریق کرده

خاطر: خطابی که به قلب میی رسد بدون آن‌که در آن بماند خواه ربانی ، ملکی ، شیطانی یا نفسانی.

خرابات: مقام و مرتبه ی خراب شدن اوصاف نفسانی و عادات حیوانی. وحدت صرف که رسوم تعینات در آن محو است. پیش از قرن چهارم مرکز فسق و فساد بود و در مقابل مسجد می آمد، این مفهوم هم با سنایی و عطار بار مثبت بخود گرفت.

خُم‌خانه: عالم تجلیات وظاهر که در قلب است و مهـبط غلبات عشق است. همه عالم غیب و شهادت که از شراب محبت فطری حق لبریزند. ۲ـ قلبی که محل ورود غلبات عشق است.

خرقه: لباس مخصوص صوفیان که با آدابی آن را به دست شیخ می پوشیده‌اند.

خضر: ۱ـ پیر و مرشد ۲ـ حالت بسط، در برابر الیاس که به معنای قبض است. در اصطلاح صوفیان خضر کنایه از بسط و الیاس کنایه از قبض است

خلعت: الطافی که به سال می‌رسد.

خشوع: به پا خواستن دل در پیشگاه حق برای فرمانبری توام با خاکساری. درهم شکستن بت غرور.

خلوت: عزت. صوفی محلی را خالی از غیر اختیار کند. محادثه سر است با حق به نحویکه دیگری در آن مجال و فرصتی نیابد.

خُم: ۱ـ تجلیات اسمائی و صفاتی ۲ـ مقام جمع ۳ـ واحدیت. اشاره دارد به واحدیت ومقام جمع را نیز گویند.

د

درد: حالتی که از محبوب به محبّ می‌رسد و محب طاقت آن را ندارد.

دست: صفت قدرت. ید

دِیْـر: عالم انسانی، دنیا

دار الغرور: دار فریب، کنایه از دنیاست

دل: نفس ناطقه که محل تفصیل معانی است.

دم: ۱ـ وقت. ۲ـ فیض الهی است که به نَفَس الرحمن تعبیر می‌شود. ۳ـ نشأه و خلسه ای که مانند برق در روح مرید میی درخشد و این پس از ریاضت وارده خواهد بود.

دنیا: ماسوی الله، به اعبتار بازداشتن سالک از الله.

دوش: صفت کبریایی حضرت حق.

دار السرور: سرای شادی و خوشی

دهان: ۱ـ صفت متکلمی حضرت حق. ۲ـ اشارات و انتباهات الهی.

دیوانه: مغلوب عشق حق.

ذ

ذوق: اولین مرتبهٔ کشف (و پس از آن شُرب و سپس رَی [سیرابی] است(.

ذکر: در اصطلاح صوفیه یاد حق است خواه به زبان و خواه به دل.

ر

رخ: ۱ـ تجلّی ذات الهی به صفات جمالی ۲ـ نقطهٔ وحدت ظهور و بطون.

رند یا رندی: در ابتدا به شخص بی سر و پا و فاسد گفته می شد، بعد از تحول مفهومی زبان تصوفی، مخصوصاً با سنایی و بعد عطار، این مفهوم بار مثبت بخود گرفت و حال به معنا ولی و یا انسان کاملی که همه تعینات را از خود زدوده است و این زیرکی واقعی است.

رنگ: رسوم و تعلّقات بشری.

رجا: آرامش دل به نیکی وصدق وراستی وعده. چشم داشتن به خیر حق که صاحب خیر است. حالتی در سالک که باعث می شود به لطف خداوند امیدواری پیدا کند.

رضا: شادی دل است به تلخی قضا خارج شدن سالک از رضایتِ نفس است و وارد شدن به رضای حق.

ز

زندان: کنایه از دنیا.

زنده: ۱ـ تارک علایق دنیوی که دارای مرگ اختیاری است. ۲ـ زنده به عشق الهی.

س

ساقی: ۱ -خداوند فیاض مطلق ۲- ذات الهی به اعتبار حبّ ظهور و اظهار ۳- پیر و مرشد کامل ۴- چشم و گوش آدمی که اکثر اسباب مستی از این دو راه به او می رسد.

سالک: مسافر الی الله مادامی که بنی مبدأ و منتهای مسیر است. سیرکننده بسوی خدا و متوسط بین مبدأ و منتهی مادام که در سیر است.

سراپرده: جهان عِلوی و عالم بالا.

سرّ: ۱ـ مرتبه‌ای از مراتب بالای درونی آدمی که محل مشاهده است. ۲ـ آن‌چه در سلوک بر سالک اظهارش را نشاید؛ از حالات و مقامات و افکار و اوراد.

سروش: هاتف غیبی.

سکون: آرامش در کنف عنایت حق بر اثر توکّل.

سوخته: واصل به مقام عبودیت.

سلوک: طی مدارج خاص را گویند که سالک همواره باید طی کرده تا به مقام وصل و فنا برسد.

سماع: حالی است که بر اثر آوازی خوش یا نغمه دلکش صوفی را از دست بدهد و از خود بیخود کند. رقصی که به جهت غلبه وجد به سالک پیش می آید.

سیمرغ: انسان کامل.

سنایی: روشنایی.

سینه: صفت علم.

ش

شاهد: ۱ـ حق به اعتبار ظهور و حضور ۲ـ آن چه در قلب سالک است و اوهمیشه به یاد آن است.

شور: حالتی از بی خودی که در پی شنیدن سخن حق یا کلامی عبرت آمیز به سالک دست می دهد.

شوریده: حیران و سرگردان از کثرت جذبه های الهی.

شگرف: عالی، بالاترین

شوق: میل به رسیدن به محبوب پس از شناخت و ارتباط اجمالی و پیش از وصال.

شهود: رؤیت حق به وسیلهٔ حق که برای سالک در مقام فنا دست می‌دهد.

شهید: مندکّ در پرتو تجلیات معشوق.

شیخ: ۱ـ انسان کامل ۲ـ انسان کامل در علوم شریعت، طریقت و حقیقت.

شیوه: جذبه‌های گه‌گاهی.

شکر پاره: شکر و کنایه از لبان معشوق است

ص

صبح: نور وحدت.

صبوحی: ۱ـ بادهٔ خُمار شکن ۲ـ هم سخنی با حق.

صنم: بت. یار ودلدار و محبوب است. گاهی اوقات نفس هم با این تعبیر خوانند.

ط

طاق ابرو: اهمال سالک که به وسیلهٔ آن از درجه خود سقوط می کند.

طامات: ۱ـ خود نمایی و خود فروشی ۲ـ برخی سخنان نپخته که در اوائل سلوک بر زبان سالک رود. همچنان به هر گونه عبارات رمزی مبهم گفته می شود.

طَرَب: انس با حق.

طریقت: سیر خاصّ سالکان الی الله که لبّ شریعت است و به حقیقت می انجامد .مجموعه آدابی واعمال قلبی و قالبی که صوفیان زیر نظر پیر طریقت برای نیل به حقیقت انجام دهند.

طلسم: کُنه ذات حق.

طواف: مقام تحیّر.

ظ

ظلّ: نفس رحمانی و فیض گسترده خداوند که به تعینات اعیان امکانی ظهور پیدا می کند.

ظهور: تجلّی حضرت حق.

ع

عارف: انسان کاملی که از وجود مجازی خود فانی گشته و اسرار حقیقت را دریافته است.

عرش: محل استقرار اسمای مقیّد الهی.

عزلت: خلوت گزیدن به منظور تحصیل جمعیّت خاطر.

عزم: تصمیم قاطع بر سپردن راه و همهٔ همّت را بر آن گذاشتن.

عشق: محبت شدید به حضرت حق که قلب را در نهایت می سوزاند.

عیش: لذت انس با حضرت حق که همراه با شعور و آگاهی در حین لذّت است.

غ

غفلت: دوری سالک از ذکر به غفلت دل از حقیقت که مایه ابطال وقت به بطالت است.

غافل: محجوب از حقایق که در جهل مرکّب به سر می برد.

غربت: مقید ماندن نفس عارف در جهان مادّی در حالی که مجانستی با آن ندارد.

ف

فترت: سستی و خاموشی آتش سوزان شوق آغازین سلوک.

فراق: غیبت و جدایی از وحدت.

فرح: لذت قلبی ناشی از نزدیکی به محبوب.

فنا: فانی شدن سالک در صفات الهی ست از جمیع صفات خود در صفات حضرت حق. آنست که شخص به خود آگاه نباشد یا به هر چیزی از لوازم خود .اندکاک جهت بشری سالک در جهت ربوبی محبوب. فنا در برابر بقا است.

فیض: واردۀ قلبی از طریق الهام که بر اثر رنج سلوک، کسب می شود.

ق

قبله: محبوب حقیقی که ذات واحد الله است و به او باید توجّه کرد.

قفس: تن آدمی و نفس امّاره.

قلندر: کسی که از غیر محبوب بریده و لذا به آداب و رسوم اعتباری اعتنایی ندارد. قلندر و قلاش هم معنایند یا معنای نزدیک به هم دارند.

ک

کدورات: تعلّقات دنیوی.

کُن فَیَکُون: منظور از برداشت آیه ۸۲ سوره یس می باشد، الله متعال میفرماید «اِنمَا اَمرُهُ لِ إذا أرادَ شیئاً أن ّیقُولَ لهُ» ؛

کشف: ظهور آن چه پنهان است، در قلب، یعنی رفع حجاب و اطلاع بر ماوراء حجاب.

کعبه: ۱ـ توجه دل به سوی خدای محبوب ۲ـ مقام وصل.

کفر : تاریکی عالم تفرقه را گویند.

کلیسا: عالم معنی و شهود.

گ

گرگ: نفس امّاره.

گنج: مقام عبودیت.

گوهر: ۱ـ جان آدم ۲ـ حقیقت انسان کامل.

ل

لب: ۱ـ روان بخشی و جان فزایی ۲ـ افاضه وجود به نَفَس رحمانی.

لاابالی: لاأُبالی فعلی است عربی، در صیغه متکلم وحده یعنی من باکی ندارم. اما این تعبیر در فارسی به معنی یک کلمه وصفی به کار می رود، در مورد مفرد و جمع؛ مرد لاأُبالی یا گروه لاأُبالی، چنانچه در شعر سنایی دیده می شود. اصل آن گویا از حدیثی است که از زبان حق تعالی نقل شده است که گفته است: هؤلاءِ فی الجنَتهِ و لاأبالی و هؤّلاءِ فی النار وَ لاأُبالی: این دسته را برای بهشت آفریدم و باکی ندارم و این دسته را از برای دوزخ و باکی ندارم (روضۀ الفرقین ۵۰ و مرصاد العباد ۳۹۹) «در اقلیم روشنایی، شفیعی کدکنی ص ۱۶۵»

م

مجاهدت: ریاضت.

ملک الموت: فرشته مرگ، عزرائیل

مجذوب: کسی را که خداوند به کمند جذبه برباید و بدون رنج و کوشش به مقامات برساند.

مراد: عارف کاملی که شایسته دستگیری سالکان است.

مُنکر: زشت، انکار از چیزی، ناخوش

مراقبه: کشیک نفس کشیدن تا از توجه دائم به مقصود باز نماند.

مرشد: عارف کامل که راهنمای راه است.

مرید: طالب کمال که معمولاً با ارادت به شیخی ره می سپارد.

مست: سالک عاشق که از بادهٔ هستی، از خود بی خود شده است.

مستی: بی خودی سالک از خود بر اثر باده خواری.

معشوق: خداوند از آن جهت که شایسته دوستی فقط اوست.

مکاشفه: کشف. حضوری است که وصف آن ممکن نمی‌باشد در جریان کشف و شهود.

می: ذوقی که بر اثر یاد حق در دل صوف پیدا شود واو را سر مست گرداند. همچنین به معنای نشاه ذکر و جوشش عشق، مراقبه نیز هست.

منزل جان: مقام الهی و مرتبهٔ فنای در معشوق.

موج: تجلیات وجود مطلق.

میخانه: ۱ـ باطن عارف کامل که منبع ذوق و شوق و معارف است. ۲ـ عالم لاهوت.

ن

نَفَس: خنک شدن قلب به لطائف غیبی که ویژه صاحبان نَفَس است. به فتح حروف ن - ف. آسایش دادن دل به لطایف غیوب وپنهانی. دوام حال مشاهده و آسایش جستن از دل است.

نقاب: حجاب میان محبّ و محبوب.

و

وصل: اتّصال سرّ سالک به حق که در پی آن به جز حق نبیند.

وصال: وصل.

وفا: انجام اعمال و آداب سلوک، که تعهد کرده بدان ها پای بند باشد.

ولایت: قیام عبد به حق در مقام فنا از نفس. فرمانروایی.

وهم: عالم امکان.

ه

هاتف: دعوت کننده به سوی حقیقت که در دل سالک تجلّی می‌کند.

هشیاری: بیرون شدن از مستی غلبهٔ عشق که مایه بی خودی بوده است.

همت: تصمیم قاطع بر پیمودن مسیر قرب الهی.

هیبت: اثر مشاهده جلال و عظمت خداوند است در دل عارف.

هُو: غیب مطلق. مراد خدای تعالی است.

ی

یار: حضرت محبوب.